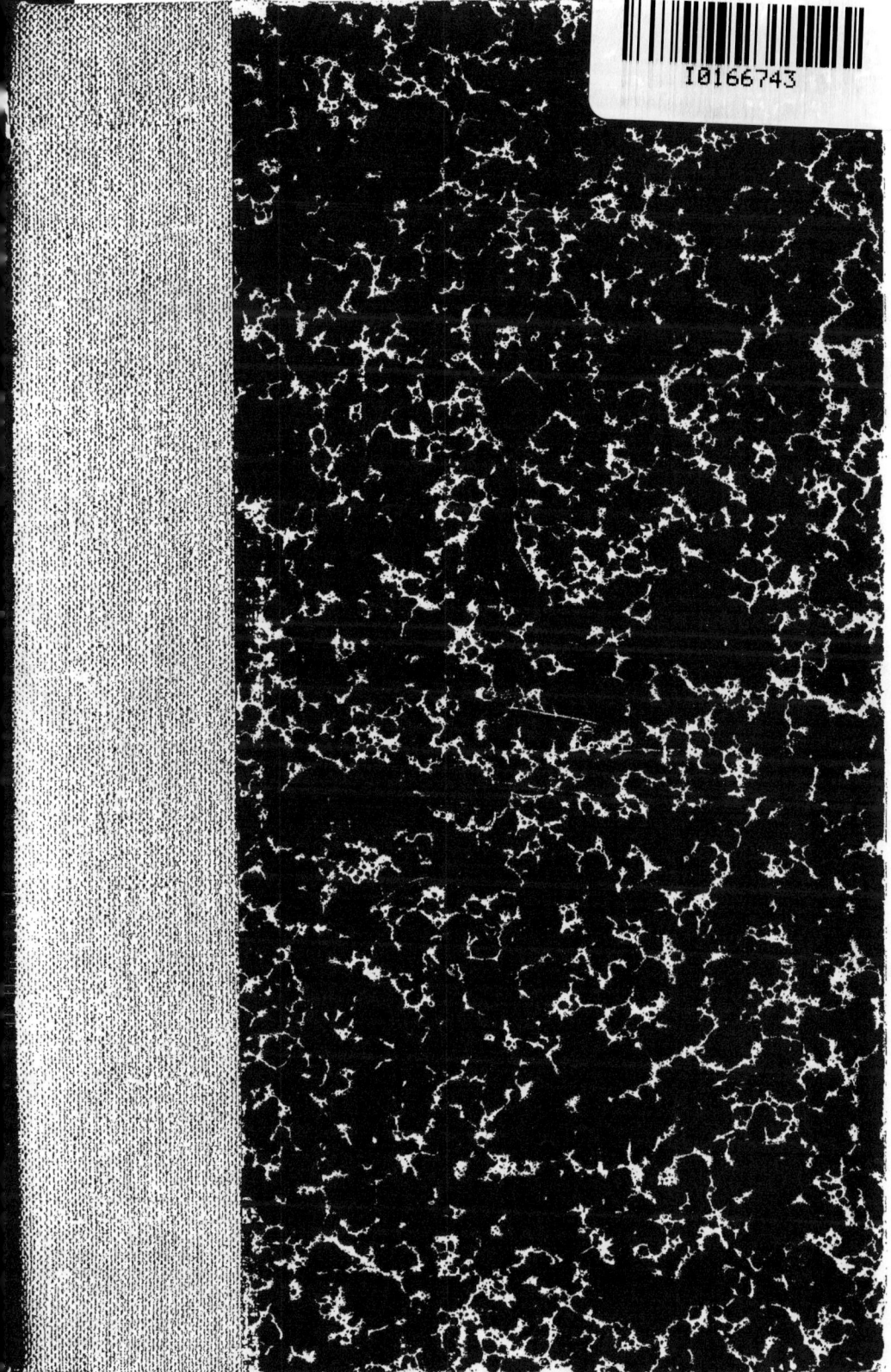

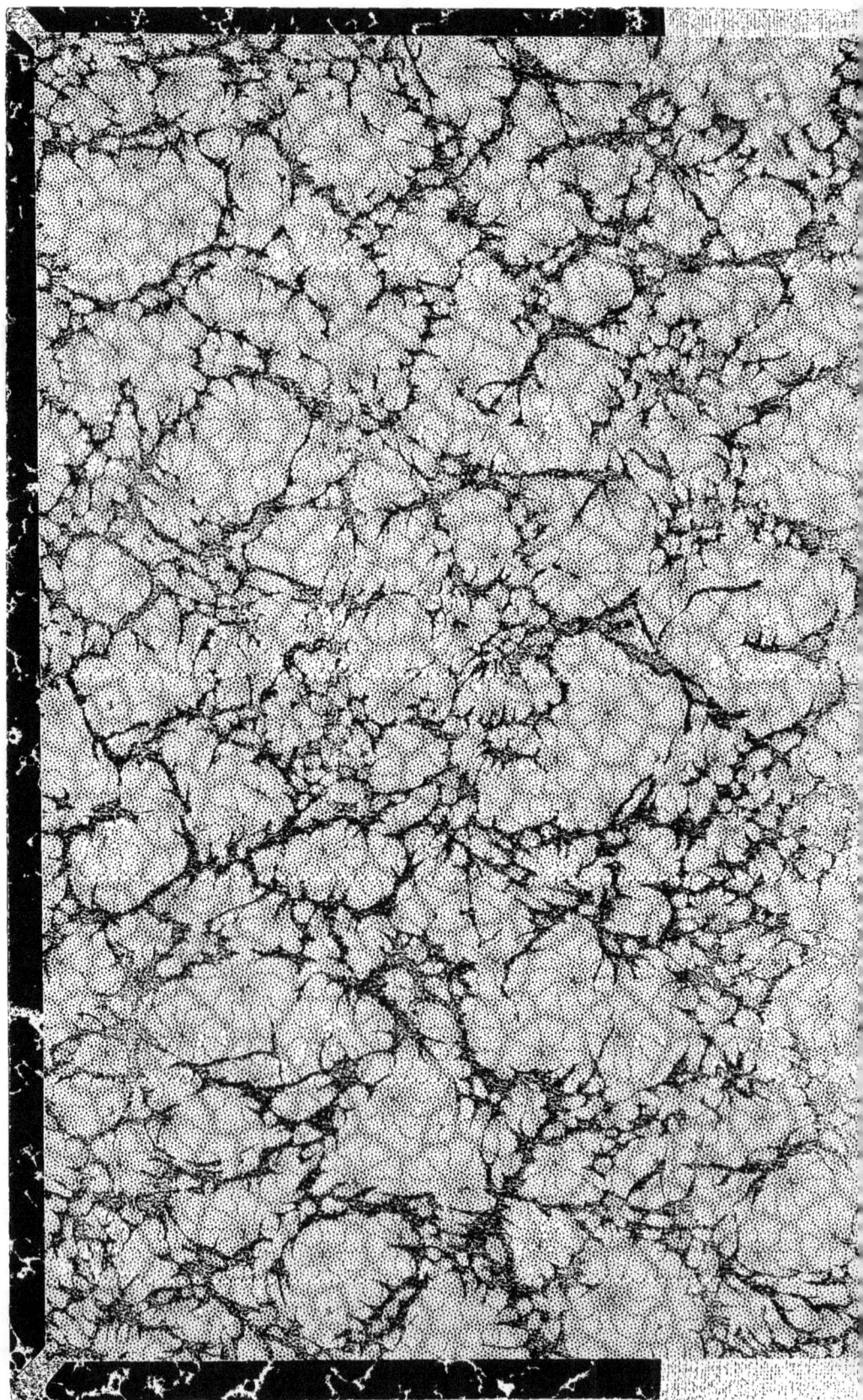

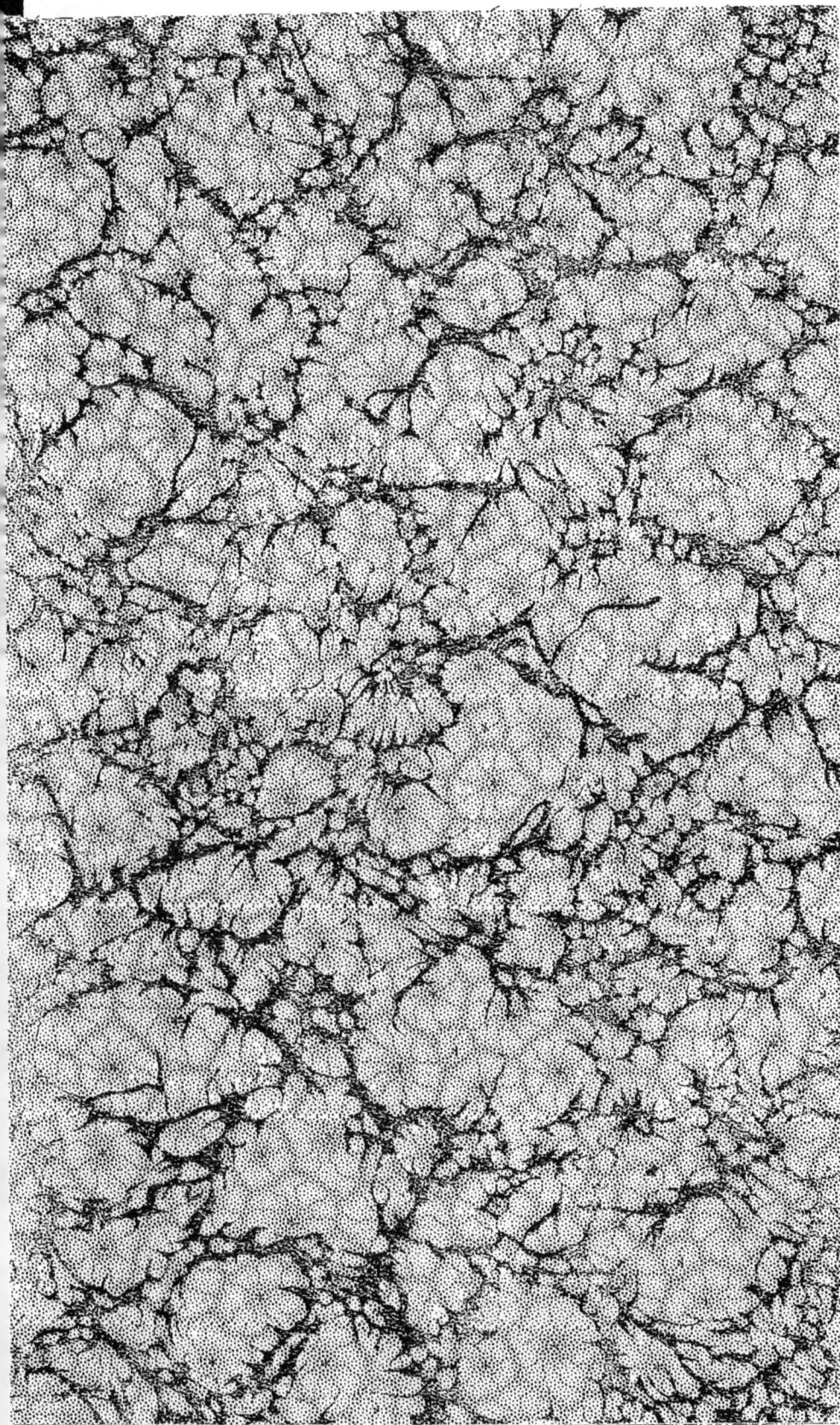

LE
PROBLÈME DES ORIGINES
ET DES MIGRATIONS

I

LA BIBLE DOCUMENT HISTORIQUE

II

SCIENCE ET MÉTHODE

III

LA GRANDE HYPOTHÈSE
ORIGINE DE LA RACE BLANCHE

PAR

JEAN D'ERAINES

PARIS
ERNEST LEROUX, ÉDITEUR
28, rue Bonaparte, VIe

MDCCCCXIV

LE PROBLÈME DES ORIGINES

ET DES

MIGRATIONS

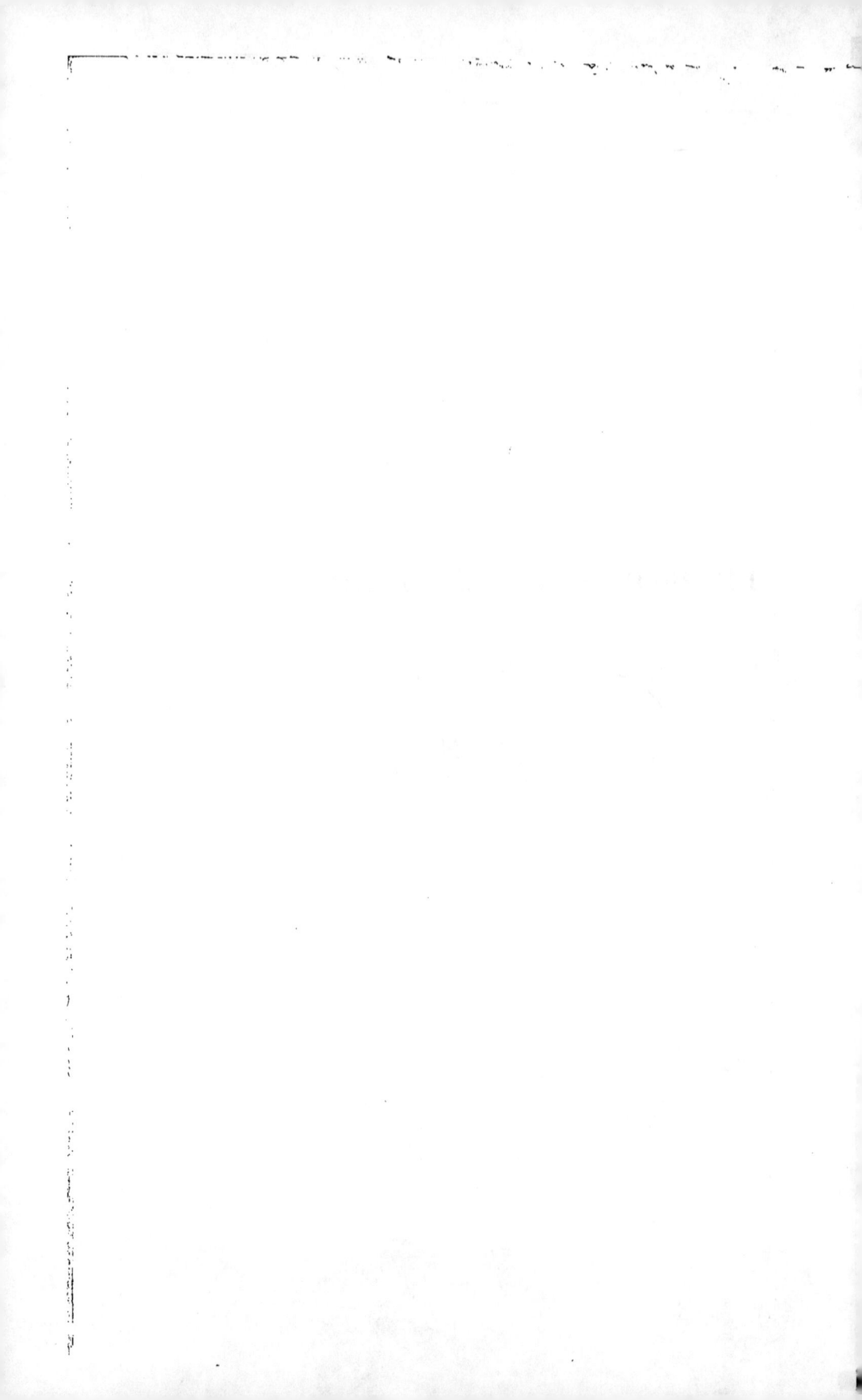

LE
PROBLÈME DES ORIGINES
ET DES MIGRATIONS

I

LA BIBLE DOCUMENT HISTORIQUE

II

SCIENCE ET MÉTHODE

III

LA GRANDE HYPOTHÈSE
ORIGINE DE LA RACE BLANCHE

PAR

JEAN D'ERAINES

PARIS
ERNEST LEROUX, ÉDITEUR
28, rue Bonaparte, VIᵉ
—
MDCCCCXIV

PREMIÈRE PARTIE

LA BIBLE DOCUMENT HISTORIQUE

L'apostolat de Yahvé, missionnaire blanc

PREMIÈRE ÉTUDE

Le premier chapitre de la Genèse.

Dans la longue série des études, qui m'étaient nécessaires, pour poser les bases d'une hypothèse rationnelle de l'origine de l'humanité et de la formation de la race blanche, s'est trouvée, en première ligne, une analyse approfondie des premiers chapitres de la Bible.

Cette étude m'ayant fourni les premières découvertes sur les origines et le rôle de la race blanche, j'ai pensé qu'il était naturel de placer en tête de mon ouvrage une analyse très approfondie du premier chapitre de la Genèse.

Les anciens sages, des très anciennes civilisations, concentraient leur bagage scientifique dans un certain nombre de propositions très courtes et très concises.

Ces propositions venaient former comme des têtes de chapitres, ou des conférences qui devaient correspondre à un enseignement oral où la proposition était développée et expliquée.

Cette coutume est invariable et vient constituer une règle à laquelle nous ne connaissons pas d'exceptions.

Beaucoup plus tard, nous rencontrons ces propositions accompagnées de commentaires tendant à les expliquer, mais, la plupart du temps, le commentateur a déjà perdu

le sens de la proposition et son commentaire devient tout
à fait absurde.

D'autre part, comme les copistes copient sans comprendre, ils ne séparent pas le texte des propositions de
leur commentaire et, alors, nous nous trouvons en face
de textes qui nous semblent parfaitement incompréhen-
sibles.

Avant de tenter la traduction de ces sortes de textes,
il est donc indispensable de les soumettre à une rigou-
reuse analyse, analyse qui a pour objet de séparer le
texte du commentaire.

Cette opération préliminaire n'offre pas grande difficulté, quand elle est menée méthodiquement, et elle peut
être réalisée sans connaître la langue, car, comme l'auteur du texte authentique ne se *répète jamais*, toute répétition de phrases et de succession de mots, indiquent
nettement l'œuvre de commentateur. Le commentateur
SIGNE son œuvre par ses répétitions de mots.

Comparons, pour exemple, le onzième et le douzième
verset du premier chapitre :

11ᵉ Verset.	12ᵉ Verset.
ou iamr aléim	
t-dsa e-artz dsa osb	ou t-outza e-artz dsa osb
m-zrio zro otz fri	m-zrii zro
ose fri l-minou	l-minéou ou otz osé fri
asr zroou	asr zroou
bou ol e-artz	bou l-minéou
ou iéi kn	ou ira aléim ki thoub.

Il saute aux yeux que le douzième verset est la répétition, presque mot pour mot, du onzième verset et que les
quelques changements ne peuvent avoir pour objet qu'une
tentative d'explication qui, étant données les habitudes
invariables des anciens, ne peut appartenir au texte,
mais doit faire partie d'un commentaire.

C'est ce travail de séparation des versets auquel nous devons nous livrer, avant de tenter une traduction rationnelle.

Une analyse très méthodique des trente et un versets du premier chapitre de la Genèse permet de reconnaître l'existence de trois textes provenant de trois différentes personnes :

1° Un texte authentique très ancien ;

2° Un commentaire ;

3° Un rajoutage ultérieur tendant à augmenter l'importance du chapitre et à classer les versets d'après un certain rituel.

Nous avons donc affaire :

1° A un auteur ;

2° A un commentateur ;

3° A un metteur en page.

Le premier chapitre de la Genèse contient trente et un versets qui se rapportent à la cosmogénie et à la biogénie.

Dix versets seulement sont authentiques, dont cinq appartiennent à la cosmogénie, soit les versets 1, 2, 3, 6 et 9, et cinq à la biogénie, les versets 11, 20, 24, 26 et 29.

Il y a donc dix propositions correspondant à dix leçons, cinq pour la cosmogénie et cinq pour la biogénie.

Les commentaires occupent sept versets, deux pour la cosmogénie, les versets 7 et 12, et cinq pour la biogénie, les versets 21, 25, 27, 28 et 30.

Les quatorze restants, qui sont dus au metteur en page, comportent quatre versets de nomenclatures, les versets 4, 5, 8 et 10 et les dix autres forment une petite leçon d'astronomie enfantine et une sorte de refrain rituel pour la division des dix jours.

Le vingt-deuxième verset est douteux et pourrait être l'œuvre soit du commentateur, soit du metteur en page.

Pour que le lecteur puisse se rendre compte, *par lui-même*, du mode d'analyse, je vais commencer par transcrire le texte authentique en face de celui du commentateur.

Je transcris, en lettre latine, les lettres hébraïques pour ne pas gêner le lecteur et, naturellement, je ne tiens pas compte des points voyelles rajoutés près de vingt siècles après la première rédaction du texte.

Tableau de transcription :

aleph	= a		lamed	= l
beth	= b		mëm	= m
ghimel	= g		noun	= n
daleth	= d		samech	= ç
hé	= é		haïn	= o
wao	= ou		phé	= f
zaïn	= z		tzad	= tz
heth	= hé		coph	= q
teth	= th		resh	= r
iod	= i		shin	= s
caph	= k		thâo	= t

1er Verset.

Authentique et sans commentaire.

2e Verset.

Authentique et sans commentaire.

3e Verset.

Authentique.

Le commentateur n'ayant ajouté que trois mots, dont les deux derniers sont la répétition exacte des deux derniers mots du texte authentique, le metteur en page n'a pas jugé nécessaire d'en faire un verset à part et ces trois mots de commentaire sont placés à la suite du verset.

Texte authentique.	Commentaire.
ou iamr aléim iéi aour.	ou iéi aour.

Les quatrième et cinquième versets sont, comme nous l'avons dit, un rajoutage du metteur en page.

6e Verset (authentique). 7e Verset (le commentaire).

6e Verset	7e Verset
ou iamr aléim	ou ios aléim
iéi rqio b-touk é-mim	at é-rqio
ou iéi m- bdl	ou i-bdl
bin mim l-mim	bin e-mim
	asr mtbet l-rqio ou biné-mim
	asr mol l-rqio
	ou iéi kn

Même sans connaître, ni chercher à connaître, la signification des mots, il est facile de constater que le septième verset est, et ne peut être, que le commentaire du sixième et même, on peut prévoir, que le commentateur est fort embarrassé dans son interprétation, par suite du fait, qu'après avoir répété le sixième verset presque mot pour mot, il ne fait que se répéter lui-même avec les deux pronoms relatifs *asr*, qui signifient « *lequel* » ou « *lesquels* ».

Tout au contraire, le sixième verset donne bien nettement l'impression d'une « *proposition* » affirmative, nette et concise.

iéi est le verbe « *être* » à la troisième personne et signifie « *il est* » placé pour « *il y a* » ou « *il y eut* ».

On peut prévoir que :

1° « *ou iamr aléim* » est la cause;
2° « *iéi rqio b-touk e-mim* » est le phénomène;
3° « *ou iéi m-bdl bin l-mim* » est le résultat.

11e Verset (authentique). 12^eVerset (le commentaire).

11e Verset	12e Verset
ou iamr aléim	
t-dsa e-artz dsa osb	ou t-outza e-artz dsa osb
m-zrio zro otz fri	m-zrii zro
osé fri l-minou	l-minéou ou otz osé fri
asr zroou	asr zroou
bou ol e-artz	bou l-minéou
(ou iéi kn)	(ou ira aléim ki thoub)

Les trois mots « ou iéi kn » qui finissent le onzième verset sont un rajoutage du metteur en page et constituent la réplique du : « ou ira aléim ki thoub ».

Le premier signifie, mot à mot, « *et-il est-ainsi* » et le second : « *et-vit-aléim-que-bon* ».

Le treizième verset est le refrain rituel du metteur en page :

ou iéi orb ou iéi bqr ioum slisi

et est le coucher et est l'aurore jour trois.

Du quatorzième au dix-neuvième verset, petite leçon enfantine du metteur en page, suivie du refrain.

20ᵉ Verset (authentique).	21ᵉ Verset (le commentaire).
ou iamr aléim	ou i-bra aléim
	at e-tnimim e-gdlim ou at kl
isrtzou é-mim srtz nfs héié	nfs é-héié é-rmst asr srtzou
	é-mim l-minem
ou oouf i-oouff ol é-artz	ou at kl of knf l-minéou
of fni rqio e-smin	
	ou ira aléim ki thoub

Au vingt et unième verset, le commentateur pense devoir ajouter ce qu'il croit avoir été oublié par l'auteur du texte authentique.

Le vingt-troisième verset pourrait être attribué soit au commentateur, soit au metteur en page; il est peut-être, du reste, l'œuvre des deux.

24ᵉ Verset (authentique).	25ᵉ Verset (le commentaire).
ou iamr aléim	ou ios aléim
t-outza é-artz	at héit é-artz
nfs héié l-miné bémé	miné ou at é-bémé
ou rms ou héitou artz	l-miné ou at kl rms
l-miné	é-admé l-minéou
(ou iéi kn)	(ou ira aléim ki thoub.)

Le commentateur se fait prendre en flagrant délit dans ce commentaire, car il y emploie le mot «e-admé», oubliant qu'Adam n'est pas encore là et qu'il n'apparaît qu'au verset suivant, soit au vingt-sixième.

Le metteur en page a divisé le commentaire du vingt-sixième verset en deux versets, les versets 27 et 28.

Là encore, le commentateur, et peut-être le metteur en page, ont ajouté la dernière phrase du vingt-septième verset, concluant à une création première hermaphrodite, car, ne voyant apparaître la femme nulle part, ils ont pensé que cet hermaphrodisme s'imposait, ce qui prouve bien qu'ils ne comprenaient rien à leur texte.

26e Verset (authentique).	27e et 28e Versets (le commentaire).
ou i-amr aléim n-osé adm b-tzlmnou k-dmoutnou	ou i-bra aléim at é-adm b-tzlmou b-tzlm bra ati ounqbé bra atm ou i-brak atm aléim ou i-amr lem aléim ou kbsé
ou irdou b-dgt éim ou b-oouf é-smin ou b-bémé ou b-kl é-artz ou b-kl é-rms é-rms ol é-artz.	irdou b-dgt éim ou b-oouf é-smin ou b-kl héié é-rms ol é-artz.

29e Verset (authentique).	30e Verset (le commentaire).
ou i-amr aléim éné ntti l-km at kl osb zro zro asr ol fni kl e-artz ou at kl é-otz asr bou fri ol zro zro l-km iéié laklé	ou lkl héit é-artz oul kl oouf é-smin oul kl rms ol é artz asr bou nfs éié at kl irq laklé- (ou iéi kn)

Dans le commentaire formé par le trentième verset, la répétition apparaît moins nettement dans le texte hébreu; mais, comme nous le verrons dans la traduction, il y a bien répétition et commentaire.

La raison en est que l'extrême facilité de traduction et d'interprétation de ce verset a permis au commentateur de s'éloigner davantage de la répétition verbale, répétition qui lui devenait nécessaire quand il ne comprenait rien au verset qu'il s'efforçait de commenter.

Le trente et unième verset, œuvre du metteur en page, contient le petit complément final.

Pour résumer, en plaçant A pour authentique, C pour commentaire et M pour metteur en page :

1er verset	A	12e verset	C	23e verset	M
2 »	A	13 »	M	24 »	A
3 »	A	14 »	M	25 »	C
4 »	M	15 »	M	26 »	A
5 »	M	16 »	M	27 »	C
6 »	A	17 »	M	28 »	C
7 »	C	18 »	M	29 »	A
8 »	M	19 »	M	30 »	C
9 »	A	20 »	A	31 »	M
10 »	M	21 »	C		
11 »	A	22 »	M		

Le premier point digne de remarque est que, sauf pour les deux premiers, tous les versets authentiques commencent par les mêmes mots, soit « ou i-amr aléim », et aucun des autres versets, soit du commentateur, soit du metteur en page, ne commence par ces mots de telle façon que ces mots : « ou i-amr aléim » servent à authentiquer les versets.

Voici, du reste, le tableau des premiers mots des trente et un versets du premier chapitre de la Genèse.

Pour les deux premiers versets, je note le sujet et le verbe.

1ᵉʳ verset :	Bra aléim	A	17ᵉ verset :	ou itn	M
2ᵉ	— Mrhéft aléim	A	18ᵉ —	ou l-msl	M
3ᵉ	— OU IAMR ALÉIM	A	19ᵉ —	ou iéi orb	M
4ᵉ	— ou ira aléim	M	20ᵉ —	OU IAMR ALÉIM	A
5ᵉ	— ou iqra aléim	M	21ᵉ —	ou ibra aléim	C
6ᵉ	— OU IAMR ALÉIM	A	22ᵉ —	ou ibrk aléim	M
7ᵉ	— ou ios aléim	C	23ᵉ —	ou iéi orb	M
8ᵉ	— ou iqra aléim	M	24ᵉ —	OU IAMR ALÉIM	A
9ᵉ	— OU IAMR ALÉIM	A	25ᵉ —	ou ios aléim	C
10ᵉ	— ou iqra aléim	M	26ᵉ —	OU IAMR ALÉIM	A
11ᵉ	— OU IAMR ALÉIM	A	27ᵉ —	ou ibra aléim	C
12ᵉ	— ou t-outza	C	28ᵉ —	ou ibrk aléim	C
13ᵉ	— ou iéi orb	M	29ᵉ —	OU IAMR ALÉIM	A
14ᵉ	— OU IAMR ALÉIM	M	30ᵉ —	ou l-kl	C
15ᵉ	— ou éiou	M	31ᵉ —	ou ira aléim	M
16ᵉ	— ou ios aléim	M			

Comme on le voit, il se trouve une exception au quatorzième verset où le metteur en page s'est servi, pour commencer le verset, des mots « *ou iamr aléim* », mais cette
leçon d'astronomie enfantine est si nettement l'œuvre du
metteur en page, qu'on ne peut attacher grande importance à l'emploi de la phrase caractéristique.

Si ce verset devait être considéré comme authentique,
on pourrait penser que les deux premiers versets n'en faisaient primitivement qu'un seul, pour ramener à cinq les
versets authentiques touchant la cosmogénie.

Nous allons commencer par analyser la signification
des trois mots caractéristiques : « *ou iamr aléim* ».

OU — « *ou* » est généralement une conjonction qui correspond à « *et* »; mais, placé avant un verbe au temps
futur, « *ou* » devient un préfixe qui fait passer le « *futur* »
au « *passé* ».

« *i-amr* » est le futur du verbe « *amr* » et précédé du
préfixe « *ou* », « *ou i-amr* » devient le temps passé du
verbe « *amr* ».

aléim — « *aléim* » est le pluriel du substantif « *alé* »
du radical « *al* ».

Les significations de « *al* » sont : *robur, potestas, fortis, robustus*, en somme toutes les idées de force et de puissance.

Par assimilation, « *alé* » passe à « *arbor robusta* » « *quercus* »; ce qui est naturel, car un très grand arbre donne bien l'impression de la force et de la puissance.

Nous trouvons, du reste, la même formation en sanscrit avec la racine « *dru* ».

« *Aléim* » est donc le signe de la puissance et de la force, mais d'une façon générale, et sans que la nature de la force et de la puissance soit déterminée; c'est alors le contexte, ou le sujet traité, qui doit indiquer la *nature particulière* des forces exprimées par le mot « *aléim* ».

Si nous avons affaire à une cosmogénie, « *aléim* » représentera *les forces cosmogéniques*, soit en fin de compte l'*Energie*.

S'il s'agit de biogénie, « *aléim* » représentera les forces biogéniques, les forces vitales, même *la vie*.

En sociogénie, « *aléim* » va représenter les forces dirigeantes, le maître souverain et, par analogie, *les lois*.

Enfin, au point de vue théocratique, « *aléim* » représentera les forces divines, la puissance divine, *Dieu*.

Le sens du mot « *aléim* » se trouve donc ainsi parfaitement déterminé.

Si, dans la traduction, l'on désire ne pas préciser et laisser au mot « *aléim* » toute sa généralité, on devra traduire par « les forces » sans indiquer, par un adjectif, la nature des forces.

Le verbe « AMR ».

Si nous cherchons, dans le dictionnaire du savant « Gésénius », qui, du reste, fait autorité dans la matière, le sens du verbe « *amr* », nous trouvons, comme expression première et générale, le verbe latin « *Effere* ».

« *Effere* », c'est faire sortir quelque chose de quelque chose; c'est, à proprement parler, « *une manifestation* »; le verbe « *amr* », avec « *aléim* » comme sujet, ce sont les forces qui font sortir quelque chose de quelque chose, en d'autres termes, les forces qui se manifestent par un phénomène apparent.

Si alors, nous précisons par le contexte :

En cosmogénie, « *amr aléim* » indiquera une manifestation cosmogénique, soit une manifestation de l'Energie.

En biogénie, « *amr aléim* » indiquera une manifestation biogénique, soit une manifestation de la force vitale.

En sociogénie, une manifestation du pouvoir souverain et en théologie une manifestation de la puissance divine, c'est-à-dire de Dieu.

Les versets authentiques qui commencent par « *ou i-amr aléim* » viennent donc former, comme nous l'avions prévu, des propositions qui correspondent chacune à la manifestation d'un phénomène particulier.

Nous allons donner, à la suite, la traduction des dix versets authentiques du premier chapitre de la Genèse en spécialisant la nature de la force.

Cosmogénie.

I.   Dès l'origine, l'Energie engendrait la matière.

II.   Dans l'immensité de l'espace, la matière était sans apparence, sans forme et n'émettait que des rayons obscurs, et l'Energie condensait les gaz à la surface des eaux.

III. La lumière apparaît, manifestation de l'Energie.

VI.   L'énergie se manifeste ; il se produit une expansion gazeuse sous-marine et il y a une séparation entre les eaux et les eaux.

IX.   L'énergie se manifeste, les eaux pressées (par leur poids) du haut vers le bas, se réunissent et les terres se dessèchent.

Biogénie.

XI.   La vie se manifeste ; les germes de la terre germent, la végétation apparaît ; les semences

s'ensemencent; les graines des fruits produisent des fruits correspondant à leurs
semences, semées dans la couche supérieure
de la terre.

XX.   La vie se manifeste; les espèces à mouvements
onduleux se multiplient dans les eaux, les
espèces à respiration pulmonaire sur la terre,
et les espèces pourvues d'ailes dans l'atmosphère du ciel.

XXIV.   La vie se manifeste ; les animaux terrestres, à
respiration pulmonaire, les quadrupèdes, les
reptiles et les autres espèces se multiplient
sur la terre.

XXVI.   La vie se manifeste ; l'homme est produit, semblable par la forme, semblable par le sang et
soumis aux mêmes lois que les poissons de la
mer, les oiseaux du ciel, les quadrupèdes et
autres espèces terrestres et les reptiles rampant à la surface de la terre.

XXIX.   La vie se manifeste; tous les produits de la
végétation, céréales, chair des fruits qui
entoure la graine, et les graines elles-mêmes,
viennent servir d'aliment.

Maintenant, pour que le lecteur puisse bien se rendre
compte de la valeur du commentaire, je vais donner le
verset authentique suivi de son commentaire.

Verset III.   Authentique : La lumière apparaît, manifestation de l'Energie.
Le commentaire (à la suite) *Il y a la lumière*.

Verset VI   L'énergie se manifeste ; il se produit une
(*authentique*).   expansion gazeuse sous-marine et il y a
une séparation entre les eaux et les
eaux.

Verset VII
(le commentaire).

Et Aléim fit ce firmament; il fit une séparation entre les eaux qui sont en bas du firmament et les eaux qui sont au-dessus du firmament; et il fut ainsi.

Verset IX
(authentique).

L'énergie se manifeste; les eaux pressées (par leur poids) du haut vers le bas se réunissent et les terres se dessèchent.

Verset X
(le commentaire).

Et Aléim appela terre les endroits desséchés et appela mer le lieu de réunion des eaux et trouva que c'était bien ainsi.

Verset XI
(authentique).

La vie se manifeste; les germes de la terre germent, la végétation apparaît; les semences s'ensemencent; les graines des fruits produisent des fruits correspondant à leurs semences, semées dans la couche supérieure de la terre.

Verset XII
(le commentaire).

Et elle fit sortir, la terre, une graine de végétation, semence ensemencée de même espèce et la substance qui produit le fruit de laquelle graine de même espèce et Aléim trouva que c'était bien.

Verset XX.

La vie se manifeste; les espèces à mouvements onduleux se multiplient dans les eaux, les espèces à respiration pulmonaire sur la terre et les espèces pourvues d'ailes dans l'atmosphère du ciel.

Verset XXI
et commencement du XXII forment le commentaire.

Et Aléim avait créé les grands animaux marins et toutes les espèces à respiration pulmonaire et les animaux qui se multiplient dans les eaux selon leur espèce et les oiseaux qui volent selon leur espèce et Aléim trouva que c'était bien. Et Aléim les bénit disant : Fructi-

fiez et remplissez les eaux des mers, et les espèces ailées se multiplieront sur la terre.

Verset XXIV (*authentique*). La vie se manifeste ; les animaux terrestres à respiration pulmonaire, les quadrupèdes, les reptiles et les autres espèces se multiplient sur la terre.

Verset XXV (*le commentaire*). *Et Aléim fit ces animaux de la terre selon leur espèce; les quadrupèdes selon leur espèce et tous les reptiles du pays d'Adam selon leur espèce et Aléim trouva cela bien.*

C'est dans ce commentaire que le commentateur oublie qu'il n'y a encore ni Adam ni pays d'Adam.

Verset XXVI (*authentique*). La vie se manifeste ; l'homme est produit, semblable par la forme, semblable par le sang et soumis aux mêmes lois que les poissons de la mer, les oiseaux du ciel, les quadrupèdes et autres espèces terrestres et les reptiles rampant à la surface de la terre.

Versets XXVII et XXVIII (*commentaire*). *Et Aléim créa Adam ; semblable à son image Aléim le créa ; du sexe masculin et du sexe féminin il les créa et Aléim leur dit : « Fructifiez et multipliez et remplissez la terre, soumettez et gouvernez les poissons de la mer, les oiseaux de l'air, toutes les espèces et les reptiles de la terre. »*

Il ne reste plus maintenant à donner que la traduction des rajoutages du metteur en page.

Verset IV. Et Aléim trouva cette lumière bonne et Aléim sépara la lumière de l'obscurité.

Verset V.	Et Aléim appela la lumière jour et il appela l'obscurité nuit.
Verset VIII.	Et Aléim appela le firmament ciel. Et il y eut le coucher et il y eut l'aurore jour deux.
Verset X.	Et Aléim appela terre les endroits secs et il appela mer le lieu de réunion des eaux ; et il trouva que c'était bien.
Verset XIII.	Et il y eut le coucher, etc.
Verset XIV.	Et Aléim dit, il y aura des signes lumineux dans le ciel qui feront une division entre les jours et les nuits, et ils constitueront des signes pour diviser les jours et les nuits.
Verset XV.	Et il y eut des signes lumineux dans l'atmosphère des cieux qui brilleront sur la terre et cela fut ainsi.
Verset XVI.	Et Aléim fit deux signes lumineux, le plus grand pour représenter le jour et le plus petit pour représenter la nuit ; et il y eut des étoiles.
Verset XVII.	Et Aléim fit cette lumière dans l'atmosphère des cieux pour éclairer la terre.
Verset XVIII.	Et pour briller le jour et la nuit et séparer le jour et la nuit, et Aléim vit que c'était bien.
Verset XIX.	Et il y eut le coucher, etc.
Verset XXIII.	Et il y eut le coucher, etc.
Verset XXXI.	Et Aléim vit que tout ce qu'il avait fait et produit était très bon. Et il y eut l'aurore, etc.

DEUXIÈME ÉTUDE

Le premier Verset du quatrième chapitre de la Genèse.

« Ou é-adm ido at héoué astou ou ter ou t-ld
at qin ou t-amr qniti ais at iéoué. »

Le troisième chapitre de la Genèse raconte l'histoire
d'Adam et d'Eve; ce mythe à quatre personnages, Yahvé,
Adam, Eve et le serpent, peut se résumer en quatre mots :
une défense, une tentation, un délit, un châtiment.

Pour comprendre le mythe, il faut connaître la
défense; mais, malgré que, depuis plus de trente siècles,
des millions, des millions et des millions de personnes
aient lu et relu le mythe, personne n'a pu, jusqu'ici, en
pénétrer le mystère.

Pourtant, quelque curieux que cela puisse paraître, il
suffit, pour trouver le mot de l'énigme, de traduire cor-
rectement le premier verset du quatrième chapitre, en
donnant à chaque mot hébreu sa signification exacte.

ou	et
e-adm	Adam
ido	connut (dans le sens d'avoir des rapports sexuels)
at	la personne
éoua	d'Eve
astou	son épouse
ou	et
ter	elle grossit (devint enceinte)
ou	et
t-ld	elle enfanta
at	la personne
qin	de Caïn
ou	et
t-amr	elle s'écria (manifesta par une exclamation).

Traduire « *t-amr* » par « *elle dit* » n'est pas assez expressif; le verbe « *amr* » est employé ici pour donner plus de valeur à la phrase mise dans la bouche d'Eve.

qniti   Les traducteurs s'accordent pour donner à ce verbe son sens véritable de « *posséder* »; la version grecque donne « *ektésanên* » et la version latine « *possedi* »; seule, la version samaritaine s'écarte en employant le verbe « *mlka* » qui veut dire gouverner, dans le sens étymologique d'exercer le pouvoir royal.

ais   époux.

Ici, tous les traducteurs, *sans exception*, se refusent à traduire le mot « *ais* » par sa signification réelle et véritable; il y a comme un mot d'ordre pour ignorer la signification du mot « *ais* ». Les Grecs traduisent par « *anthrópon* », les latins par « *hominem* »; quant aux versions samaritaines et chaldaïques, elles emploient les mots « *gbd* » et « *gbr* ».

Le mot « *ais* » s'écrit par *aleph* + *iod* + *shin*; son féminin « *asé* », par *aleph* + *shin* + *hé*, apparaît pour la *première fois*, dans la Genèse, au vingt-deuxième verset du chapitre II.

Yahvé, après avoir estimé (18ᵉ verset) qu'il n'était pas bon que l'homme, Adam, vécût solitaire, se décide à lui donner une compagne.

Au vingt-deuxième verset, le mot « *asé* » est employé pour désigner la première compagne donnée à l'homme et « *asé* » prend, de ce chef, le sens de : « *compagne de l'homme = épouse* ». Le mot apparaît au masculin, « *ais* », et pour la première fois, au vingt-troisième verset, et Adam se l'applique à lui-même comme qualificatif de son nouvel état d' « *époux* ».

Les deux mots « *ais* » et « *asé* » reviennent au vingt-quatrième verset sous cette forme :

L' « *ais* » quittera son père et sa mère pour suivre son « *asè* », soit « l'époux quittera son père et sa mère pour suivre son épouse ».

Au seizième verset du troisième chapitre, après la faute, Yahvé dit à Eve :

« Tes désirs te porteront vers ton époux (« *ais* ») et lui te dominera. »

En somme, depuis la première fois qu'apparaissent les mots « *ais* » et « *asè* », et ce jusqu'au premier verset du quatrième chapitre, ils ne sont *jamais* pris qu'avec le sens d'*époux* et d'*épouse*, et l'on peut affirmer hardiment, sans craindre d'être contredit, que jamais la signification exacte et absolue d'un mot n'a été désignée et précisée avec plus de soin et d'exactitude que ne l'ont été les deux mots de « *ais* » et de « *asè* ».

Enfin, et pour qu'il ne puisse même subsister l'ombre d'un doute, l'auteur a le soin d'employer ce même mot au féminin, « *astou* », et au masculin, « *ais* », dans ce même premier verset du chapitre IV, de façon que la traduction de « *astou* » par épouse implique la traduction de « *ais* » par époux.

ai   = pronom; « autos » « ipse »; placé entre deux noms de personnes, il indique la similitude.

ièouè   = Yahvé.

En traduisant chaque mot par sa valeur on obtient pour version correcte :

Et Adam connut Eve, son épouse, et elle devint enceinte et elle enfanta de Caïn et elle s'écria : J'ai possédé un époux semblable à Yahvé !

Maintenant, pourquoi les traducteurs n'ont-ils pas voulu traduire le mot *ais* par sa valeur? Très certainement parce qu'ils ne comprenaient pas le sens de l'exclamation d'Eve :

J'ai possédé un époux semblable à Yahvé !

Et alors, sans plus se préoccuper du texte hébreu, ils ont donné une traduction fantaisiste.

La version grecque donne :

Ektêsanên anthrôpon dia tou théos

la version latine :

Possedi hominem per dominum

soit, en français :

J'ai possédé un homme avec, par ou avec l'aide de Yahvé.

Et, dans toutes ces traductions, le mot « *ais* » s'applique à Caïn le nouveau-né ; comment les traducteurs ont-ils pu penser qu'Eve, en parlant de son nouveau-né, emploierait le mot d' « *Epoux* » !

Si Eve avait voulu parler de son *bébé* en se glorifiant de sa naissance, elle aurait employé le mot hébreu « *Ld* » qui veut dire enfant, ou les mots « *br* » ou « *bn* » qui veulent dire fils, mais jamais elle n'aurait employé le mot « *ais* » qu'elle réservait à Adam *son époux* ; si Eve parle de « *ais* » elle parle d'Adam, *son époux*. La traduction correcte à laquelle nous devons nous arrêter est donc celle que j'ai donnée, soit :

J'AI POSSÉDÉ UN ÉPOUX SEMBLABLE A YAHVÉ.

A la fin du troisième chapitre, Adam et Eve sont chassés honteusement de l'Eden, après avoir été couverts d'invectives par Yahvé qui leur prédit tous les malheurs possibles et, de plus, prépose à la garde de l'Eden un chérubin à l'épée flamboyante, pour empêcher tout retour offensif d'Adam. Adam et Eve, chassés de l'Eden, ont donc reconquis leur liberté ; ils ne sont plus soumis à la domination autocratique de Yahvé ; ils ne sont plus tenus d'observer les lois promulguées par Yahvé ; la terrible et mystérieuse défense ne les touche plus.

Dans ces conditions, le *premier acte* effectué par eux dès la sortie de l'Eden, *est et ne peut* être que l'*acte défendu* et, connaissant *cet acte*, nous nous trouvons par cela même connaître l'*acte défendu*.

Aussi, le rédacteur du document qui, tout en rédigeant mythiquement, *reste documentaire*, prend soin de nous indiquer l'acte, en spécifiant avec précision que, dès la sortie de l'Eden, Adam *connaît* son épouse; et en nous signalant volontairement ce fait, il nous indique, par cela même, la nature de la défense.

Nous pouvons donc considérer comme *fait acquis* que la fécondation de la femme par l'homme était sévèrement prohibée pendant la période édénique.

Yahvé, après un temps, avait bien consenti à donner une compagne à Adam, mais, tout en lui donnant cette compagne, il lui faisait défense, sous peine de mort, d'avoir avec elle des relations sexuelles pouvant aboutir à la fécondation.

Passant maintenant à l'exclamation victorieuse d'Eve, nous remarquons que cette manifestation ne se produit qu'après la naissance de l'enfant et non pas dès après l'accomplissement de l'acte.

La similitude entre Adam, l'époux, et Yahvé est donc produite par la naissance de l'enfant; ADAM L'ÉPOUX DEVIENT SEMBLABLE A YAHVÉ EN DEVENANT PÈRE, d'où s'impose la conclusion que, pendant la période édénique, la *procréation* était réservée à Yahvé.

La première partie du verset indique, par la nature de l'acte, la nature de la défense, et la seconde partie précise en confirmant.

Nous allons maintenant examiner le corps du troisième chapitre de la Genèse pour vérifier si nous y trouvons l'*infirmation* ou la *confirmation* de l'interprétation donnée du premier verset du quatrième chapitre.

TROISIÈME ÉTUDE

Le troisième chapitre de la Genèse.

Au premier verset, nous rencontrons le serpent rendu dans le texte par le premier mot du verset, soit par l'expression « *è-nhès* ».

Ce mot « *n-hès* » écrit par un « *noun* », un « *Hèth* » et un « *shin* » n'appartient pas à l'hébreu, pas plus qu'à aucune langue de la même famille.

En hébreu, serpent se dit « *louitn* », avec la concordance, en arabe, du verbe « *loui* », avec la signification cinématique de : « flexit », « incurvavit », « contorsit » ; en hébreu, racine « *loul* », « volvere », « convolvere » soit la définition du mouvement onduleux.

Serpent se rend aussi, en hébreu, par le mot « *srf* » racine « sff » = « serpsit » = serpenter. Dans la partie biogénique du premier chapitre, c'est le mot « *rms* » qui se trouve employé pour désigner la famille ophidienne.

Le mot « *nhès* » renferme la lettre « *Hèth* », extrêmement gutturale, qui pourrait être représentée en français par un *hgh* très dur.

La prononciation du mot « *nhès* » devait se rapprocher de « *naghash* » et n'est que la transcription en hébreu du sanscrit « *nâga* », la vipère cobra, le serpent uréus. Le mot « *nhès* » a passé en hébreu avec la signification « *cuivre* » et son sens de serpent est un sens biblique résultant du mythe.

Naghash entre allégoriquement dans le mythe et son équivalence est facile à trouver ; naghash représente, allégoriquement, la caractéristique sexuelle du mâle.

Au point de vue morphologique, il y a concordance pour la forme cylindrique et le diamètre approximatif.

D'autre part, le signe distinctif du naghash est le passage brusque de la flexibilité à la rigidité, comme action réflexe d'une excitation nerveuse. La vipère excitée se dresse et devient rigide, sa tête se gonfle, sa bouche s'entr'ouvre, et sa langue mince, longue et effilée donne l'impression très nette du jaillissement d'un mince filet liquide.

Le tableau est complet et la représentation allégorique parfaite.

Dans le mythe, Naghash représente allégoriquement les désirs sexuels qui tendent à rapprocher les sexes pour assurer la reproduction de l'espèce.

« *oroum* » — Dans le texte hébreu, le qualificatif du serpent naghash est le mot « *oroum* »; « *oroum* », en hébreu, n'a qu'un seul sens vrai, c'est celui de nudité; le sens absurde de « *callidus* » et de « *malignus* » provient de l'interprétation biblique et ne doit pas être pris en considération.

La version grecque traduit « *nhès oroum* » par « *ophis fronimôtatos* » et la version latine par « *serpens callidior* »; cette traduction est tellement frivole qu'elle ne vaut pas même la peine d'être discutée un seul instant.

« *oroum* » pourrait être à la très grande rigueur rendu par son sens de nudité, mais l'origine du mot « *naghash* » incline à prévoir qu' « *oroum* » est arrivé dans le texte comme complément mythique et en représentation d' « *ànrô mainyus* », de l'esprit du mal du mythe avestique, plus connu sous son nom francisé d'Ahriman.

Ahriman, dont nous parlerons tout à l'heure, comme esprit du mal, tend vers un résultat néfaste, et sa présence à côté du mot naghash vient alors signifier que les désirs sexuels tendaient à produire un résultat néfaste.

Dans ces conditions, nous obtenons pour la traduction mot à mot du commencement du premier verset :

ou nhès = et les désirs sexuels
éié = étaient
oroum = pernicieux

m-kl   = dans tous
hèit   = les êtres
e-sdé   = de la terre
asr   = lesquels
osé   = avait produit
alèim   = les forces de la nature.

En bon français : Et les désirs sensuels produisaient des effets pernicieux dans tous les êtres de la nature.

Nous verrons plus loin, quand nous aurons déterminé la personnalité de Yahvé, que cette traduction, qui suffit pour l'instant, devra être légèrement modifiée pour faire rentrer le mythe dans le domaine de l'histoire.

La signification précise de « *naghash oroum* » une fois posée, nous devons, avant d'aller plus loin, déterminer soigneusement le sens d'un mot et de deux phrases :

1° Le mot « *otz* » ;

2° La phrase : « *otz è-hèiim* », généralement rendue par « *arbre de la vie* » ;

3° La phrase : « *otz è-dot thoub ou ro* », généralement rendue par « *arbre de la science du bien et du mal* ».

1° Le mot « otz ».

Ce mot s'écrit par un haïn et un tzad.

« *otz* » (pl. *otzim*) = arbre-bois; en arabe bâton, os.

« *otzb* »   = boiser; travailler dans le bois; objet en bois; idole en bois; travailler d'une façon générale; celui qui travaille; esclave.

« *otzè* »   = dur-ferme; bois, bâton, épine dorsale.

Au moral : fermeté; sagesse; sapience.

« *otzoum* »   = force, puissance; au physique et au moral.

« *otzm* »   = os, solidité, tige rigide; force.

« *otzmoun* »   = robuste.

« *otzmout* »   = force.

« *otzn* »   = être dur ; au moral être ferme ;
                       dura lex sed lex.

« *otzr* »   = enfermer dans une palissade en
                       bois ; prison ; enfermer, au mo-
                       ral, par des ordres, des ordon-
                       nances, des lois.

Doublets avec remplacement du « tzad » par le « zaïn ».

« *oz* »   = force, puissance.

« *oza* »   = force.

« *ozz* »   = raffermir, être robuste.

La signification de « *otz* » est facile à déterminer :
« *otz* » est, au physique, une chose dure comme du bois,
d'où vient le sens de force physique ; au moral c'est la
force produite par la fermeté morale et la sagesse ; la
puissance sociale ; les lois.

« *otz* », c'est l'arbre, après qu'il a été abattu et qu'il est
devenu du bois et qu'il est utilisable pour sa dureté et sa
résistance, mais « *otz* » n'a jamais voulu représenter un
arbre en place, un arbre vivant, qui pousse, qui se couvre
de feuilles et de fruits. « *otz* » c'est le « *lignum* » du latin
en opposition à « *arbor* ». L'arbre vivant se rend en hébreu par « *frds* » dont les Grecs ont fait « *paradeisos* »
avec le sens de jardin fruitier ; la racine est « *frè* » qui
veut dire porter des fruits et des graines.

Les traducteurs de la Bible, en rendant « *otz* » par un
arbre vivant pouvant porter des fruits, ont fait, volontairement ou non, le plus brutal et le plus stupide des
contresens.

Dans un mythe qui roule sur des violations de la loi,
édictée par un législateur, il n'y a pas deux façons de
traduire le mot « *otz* », il n'y en a qu'une et c'est par le
mot « LOI ».

Du reste, quand Yahvé formule des défenses, édicte des

lois, l'auteur emploie le verbe « *itz* » qui possède la même racine et a le sens de « *légiférer* ».

2° « OTZ É-HÉÏIM ».

« *Héiim* » vient de « *Héii* » et du verbe « *Héié* » de la racine « *Héi* » ; c'est la vie, l'existence dans son sens le plus général et le plus grand ; c'est le principe même de la vie ; le critérium de la matière vivante, et «*otz é-héiim*» doit se traduire par « *loi sur la génération des existences* ».

L'étude qui va suivre ne laissera aucun doute dans l'esprit du lecteur sur la parfaite légitimité de cette traduction.

3° « É-DOT THOUB OU RO ».

« *dot* » $=$ science, savoir ; le mot est précédé du préfixe « *é* » qui indique le substantif ; «é-dot» doit donc se traduire par : « *la science* » ou « *le savoir* ».

« *thoub* » $=$ est un adjectif quand il n'est précédé d'aucun préfixe, et son sens est «*bon*» ; d'une façon absolument générale.

« *ro* » $=$ est l'opposé de « *thoub* » et signifie « *mauvais* ».

« *ou* » $=$ entre deux mots, sert de liaison et correspond au « *et* » français.

La phrase « *é dot thoub ou ro* » doit donc se traduire mot à mot par : « *La science bonne et mauvaise* ».

Les mots « *thoub* » et « *ro* » peuvent être des substantifs ou des adjectifs ; mais, en hébreu, la règle est invariable, quand les mots doivent être pris substantivement, ils sont toujours précédés par une sorte de particule démonstrative ou particulière comme un *lamed*, un *mèn*, un *beth*, un *hé* ou un *caph*.

Dans le cas qui nous occupe et dans cette phrase qui revient continuellement, les mots « *thoub* » et « *ro* » ne sont *jamais précédés d'aucune particule*; il en résulte donc, d'une façon absolument certaine, que ces deux mots sont mis là pour des adjectifs et doivent être traduits comme tels.

Malgré cela, dans toutes les traductions, nous voyons ces deux adjectifs rendus par des substantifs. Ses traducteurs, n'ayant pas compris ce que pouvait signifier « *la science bonne et mauvaise* », ont, selon leur coutume, négligé la valeur du texte pour livrer au public une version de fantaisie, qui s'est trouvée venir constituer un terrible contresens.

Dans toutes les anciennes traditions, on rencontre, ce qu'on a pris l'habitude d'appeler « *la lutte du bien et du mal* »; aussi les mythologues, les philosophes et jusqu'aux historiens ont eu vite fait d'établir là-dessus toute sorte de légendes, de mythes et de systèmes religieux ou philosophiques. A la base de ces rumeurs se trouvait l'admirable conception des résultats excellents (*thoub*) et détestables (*ro*) que pouvait produire une même loi biogénique, d'après les circonstances dans lesquelles elle fonctionnait.

Les anciens sages n'ont jamais imaginé un bien « *per se* » et un mal « *per se* », ce qui, du reste, est une conception parfaitement absurde, mais ils avaient constaté les effets, tout à la fois, bons (*thoub*) et mauvais (*ro*) de cette loi terrible et sublime qu'est l'hérédité.

C'est la transmission à la descendance des caractères acquis qui a permis à l'homme de devenir homme et qui permet à l'homme d'envisager, pour ses descendants, la possibilité d'arriver jusqu'à l'extrême limite de la perfection.

L'hérédité est tout à la fois une chose bonne (*thoub*) et mauvaise (*ro*) car, si elle conserve et transmet les qualités, elle en fait autant des défauts; c'est par excellence l'arme à deux tranchants qui peut produire des résultats avantageux (*thoub*) et des résultats nuisibles (*ro*); cette hérédité, abandonnée à elle-même, devient une force aveugle et correspond alors au FATUM des anciens initiés.

Bien manœuvrée, nous savons ce qu'elle peut produire; nos champs et nos jardins nous montrent ce que sont devenus, à la suite d'une intervention intelligente, nos céréales, nos vignes, nos légumes, nos fleurs et nos fruits.

Dans les races domestiquées, les éleveurs ont fait des miracles.

Quand il y a « non-intervention » et que la nature est livrée à elle-même, elle sait se défendre et, par sa prévoyante cruauté, elle sait sacrifier les faibles et les malvenus; mais, si l'homme intervient maladroitement, si sa sensiblerie maladive vient protéger les faibles et les malvenus, c'est la dégénérescence, qui progresse en raison géométrique, et menace la race future du sort le plus triste et le plus lamentable.

Dans le mythe biblique les lois (otz) de la science bonne (thoub) et mauvaise (ro) sont les lois qui dirigent l'hérédité, et la loi des existences (otz Hèiim) est la loi qui règle le mode de procréation de la race.

Si les hommes (é-admé) sont sages et dociles, s'ils obéissent aux lois prescrites par Yahvé, ils pourront vivre heureux et voir s'améliorer leur descendance ainsi que les produits de leur élevage et de leurs cultures, mais si, tout au contraire, ils viennent à les violer, la race retournera à l'état sauvage (ofr) pour y souffrir et y mourir.

Dans ces circontances, les lois, tout d'abord établies par Yahvé, auront pour objet de régler le mode de reproduction de la race.

Dans le troisième chapitre, le rédacteur raconte l'histoire de l'échec de Yahvé; au début, les sexes ont dû être séparés, car la femme est *inexistante* pendant la première période du séjour dans l'Eden; d'autre part, nous savons que les mystères de la reproduction se passent,

« *b-touk è-gn* » et le « *gan* » peut nous faire penser à un gynécée.

Après un certain temps, Yahvé estime avoir pris, sur la race adamique, un empire moral suffisant pour permettre la réunion des sexes, tout en maintenant la défense du rapprochement sexuel produisant la fécondation.

Mais, la nature est plus forte que la volonté de Yahvé ; les désirs sexuels entraînent Eve vers la désobéissance, Adam, tenté par elle, succombe et la faute irrémédiable entraîne le châtiment.

Dans le troisième chapitre on reconnaît aisément l'intervention du commentateur et du metteur en page ; de plus, les descendants d'Israël avaient tout intérêt à épaissir le voile pour masquer les origines ; ils ne leur convenait, en aucune façon, de faire intervenir la race blanche dans leur éducation première ; Yahvé devait devenir un dieu personnel appartenant en propre aux enfants d'Israël. Pourtant, par respect pour la rédaction de Moïse et probablement aussi grâce à ce que le sens du mythe a dû être rapidement perdu, le troisième chapitre est resté suffisamment explicite pour que son interprétation n'offre pas de grandes difficultés.

Jusqu'au douzième verset c'est la tentation et la faute racontées sous forme mythique ; dans le treizième verset, avec un commencement par « *ou i-amr iéoué aléim* » on reconnaît facilement le genre de Moïse et les imprécations de Yahvé sont fort belles et magistralement rédigées.

13ᵉ verset : « *Ou i-amr iéoué aléim l-asé mé zat osit ou l-amr é-asé è-nhés é-siani ou akl.* »

Yahvé, le souverain maître, interroge la femme sur les motifs de sa faute et la femme répond :

« *è-nhès* » = les désirs sensuels (nahgash)

« *é-siani* » = m'ont affolée (« *sia* » élatio)

« *ou akl* » = et j'ai succombé. (J'ai consommé l'acte.)

14e verset : *Ou i-amr iéoué aléim al é-nhés ki osit sal arour até m-kl é-bémé ou m-kl héit é-sdé ol ghénk t-lk ou ofr t-akl kl imi héiik.*

Yahvé, le souverain maître, manifeste sa colère :

Désir sensuel ! source du mal, maudit sois-tu dans tous les êtres de la nature ! toujours et toujours tu ne seras que source de bassesses et de sauvageries.

« *ol ghenk t-lk* » = en mot à mot, tu t'alimenteras d'actions tortueuses, basses, viles ou sauvages.

15e verset : *Ou aibé asit bink ou bin é-asé ou bin srok ou bin zroé éoua isoufk ras ou até tsoufnou oqb.*

En mot à mot : Et antagonisme (sera) une colonne entre lui (l'homme) et entre la femme et entre descendants mâles et entre descendants femelles et ils se nuiront réciproquement depuis le commencement et il arrivera des animosités jusqu'à la fin.

Soit :

Et une montagne de haine s'amoncellera entre l'homme et la femme et entre leurs descendants et ils s'entre-nuiront jusqu'à la consommation des siècles.

16e verset : *Al é-asé amr é-rbé a-rbé otzbounk ou érnk b-otzb t-ldi banim ou al aish tasouktk ou éoua isml bk.*

Mot à mot : Et à la femme il dit : se multiplieront (pour toi) les travaux les plus durs et les grossesses et le travail d'enfanter les enfants et vers ton époux tes désirs sensuels, et lui sera maître.

Soit : Et Yahvé, manifestant sa colère contre la femme, s'écria : pour toi la vie ne sera qu'une succession des travaux les plus durs et de grossesses; à toi le travail d'avoir des enfants et tes désirs sensuels te rendront l'esclave de ton époux et lui deviendra ton tyran.

Le mot « *otzb* » revient deux fois, une fois en composition, et une fois seul: comme nous l'avons vu, le mot « *otzb* » signifie un travail manuel dur, qui dans le mot composé « *otzbounk* » va jusqu'à la souffrance.

« *otzb* » « *t-ldi* », qui vient après, signifie le travail de l'accouchement, mais pas davantage; il n'est pas question du tout des douleurs de la parturition. Les traducteurs, qui ne manquent jamais l'occasion de faire un contresens, ont tiré de ce verset un accouchement douloureux, succédant à un accouchement sans douleur; mais, il n'y a pas un mot de cela dans le texte hébreu.

17e verset : *Ou l-adm amr ki smot l-qoul astk ou t-akl mn é-otz asr tzouitih l-amr la t-akl mmnou aroure é-admé b-obourk b-otzbouk t-aklné kl imi héiik.*

Et, s'adressant à l'homme : toi qui as répondu aux désirs de ta femme et qui as violé ma loi, maudite sois ta postérité, et seul un travail acharné pourra fournir à tes besoins journaliers.

18e verset : *Ou qoutz ou drdr t-tzmihé lk ou aklt at osb é-sdé.*

Tu ne récolteras que des végétaux à l'état sauvage et tu t'alimenteras de végétaux sauvages.

Ce verset est d'autant plus intéressant qu'il fait très nettement sentir la différence entre les produits cultivés et les produits sauvages; l'homme n'ayant plus Yahvé pour lui apprendre les procédés de la culture, en sera réduit à s'alimenter avec les produits tels que la nature les donne quand elle est livrée à elle-même et qu'il n'y a pas d'intervention intelligente.

19e verset : *B-zot afik t-akl lhém od soubk al é-admé ki mmné lqhét ki ofr até ou al ofr tsoub.*

Tu chercheras ta nourriture à la piste comme les animaux ; tu rétrograderas à ton état primitif et retourneras au pays sauvage dont je t'avais sorti.

Mot à mot : « Tu te nourriras avec le flair de ton nez »; « *ofr* » ne doit pas se traduire par poussière mais par « *pays inculte* », « *pays sableux aride* », impropre à la culture, « *pays sauvage* ».

Les traducteurs ont pris « *ofr* » dans le sens de poussière pour faire concorder ce verset avec celui du chapitre II où il est dit qu'Adam a été formé avec de la terre glaise ; mais cette interprétation par poussière est détestable.

Il y a, dans le deuxième chapitre, un verset fort mystérieux, c'est le vingt et unième verset, celui qui a donné lieu à la légende, suprêmement stupide, de la côte d'Adam, métamorphosée en femme.

Le verset suivant est l'œuvre du commentateur, ou plus probablement du metteur en page, qui, après avoir eu l'idée monstrueuse qu'Adam avait eu le côté ouvert, a jugé charitable de faire procéder par Yahvé à la fermeture de la plaie.

Voici les données du problème.

Yahvé s'est résolu à faire sortir la femme du gynécée, où elle se trouvait enfermée, pour la donner, comme compagne, à l'homme ; il estime qu'il suffira d'un ordre pour qu'Adam respecte sa nouvelle compagne et n'ait, avec elle, aucun rapport sexuel, mais pour plus de sécurité, il procède sur Adam à une certaine opération à laquelle fait allusion le vingt et unième verset.

Maintenant quelle est au juste cette opération ? Je n'ai pu encore la préciser ; il est certain que ce n'est pas la castration, sinon Adam n'aurait pu succomber à la tentation d'Eve et la satisfaire ; alors qu'est-ce ? Est-ce une sorte de suggestion mentale exercée pendant le sommeil ? Je pose la question sans y répondre, faute de précision suffisante du texte ; pourtant, je ferai remarquer que le mot « *rdmé* » a le sens d'un sommeil profond et mystérieux.

Le vingt-cinquième verset doit venir *immédiatement* après le vingt et unième verset ; voici le mot à mot de ce verset :

ou iéiou snièm oroumin = Et ils étaient tous les deux nus.

é-adm ou astou = Adam et son épouse.

ou la i-tbssou = et non ils étaient troublés.

Ce qui revient à dire, très explicitement, que la vue réciproque de leur nudité ne produisait chez eux aucun désir sexuel.

Le résultat, précisé au vingt-cinquième verset, soit la *froideur sexuelle*, avait donc pour *cause l'opération faite sur Adam* au vingt et unième verset.

QUATRIÈME ÉTUDE

Yahvé.

Je considère les sept premiers chapitres de la Bible comme des documents *historiques* d'une immense valeur et nous devons une bien grande reconnaissance à Moïse, cet homme admirable, pour avoir pourvu à la conservation de ce monument formidable, qui nous permet, aujourd'hui, de reconstituer l'histoire de l'humanité.

Etant donné le rôle joué par Yahvé, il ne pouvait appartenir qu'à la race blanche et en parler la langue, cette langue à laquelle les linguistes ont, si mal à propos, donné le nom d'Arienne et à laquelle je restituerai, dans mon étude, son vrai nom d'origine, soit le nom de langue boréale.

Dans ces conditions, nous devrions trouver, dans la famille des langues boréales, l'étymologie des noms d'Adam et d'Eve de la même façon que nous y avons déjà trouvé celle du serpent tentateur.

Le nom d'Adam s'écrit, en hébreu, par un *aleph*, un *daleth* et un *mëm*. Nous trouvons son équivalent en sanscrit dans le mot *Adima*; l'*A* initial étant long se transcrit, et l'*I* étant bref, disparaît; en somme, si nous demandions à un Hébreu de transcrire en hébreu le mot sanscrit « *Adima* », il écrirait ce mot, sans hésiter, par un *aleph*, un *daleth* et un *mëm*, tout comme le nom d'Adam.

Dictionnaire classique sanscrit d'ÉMILE BURNOUF. Paris,
1866, page 72, colonne *b*.

Adima = premier.

racine = *Adi* = commencement, principe, premier,
primitif, primordial.

Mots composés :

      âdika = initial.

      âdikarman = acte primordial.

      âditas = dès le principe.

Le nom d'Eve s'écrit en hébreu par un *Hét*, un *wav* et
un *hè*.

On peut, et on doit, remarquer ici qu'il est certain que
le nom d'Eve devait s'écrire primitivement par un *Hè*, un
wav et un *Hè*. = *Évè*.

Tout d'abord, il n'existe graphiquement qu'une différence imperceptible entre un *Hèt* et un *Hè* et ces deux
lettres se confondent continuellement dans l'écriture.

En second lieu la prononciation du *Hèt* est bien trop
dure et gutturale pour avoir pu entrer dans le nom de la
femme type.

Enfin, il est facile de comprendre le motif d'une trans-
position voulue; le remplacement du *Hé* primitif par un
Hèt permettait de trouver en hébreu une étymologie au
nom de la première femme et de le faire venir de *Héii* qui
veut dire *vie* quoique, au point de vue étymologique, les
deux « *i* » ne pouvaient tomber, sans faire tomber avec eux
toute l'étymologie, car l'*hèt* seul restant, on peut alors
trouver cinquante autres étymologies.

Le metteur en page, ou le commentateur, tenaient
beaucoup au jeu de mot, qui figure au verset 20 du chapitre 3, verset, du reste, manifestement apocryphe.

Quoi qu'il en soit, l'équivalent du nom d'Eve se trouve
dans le mot zend « *aeva* ».

Lexique de la langue de l'avesta, par C. DE HARLEZ,
Paris, 1882 (2ᵉ édit.), p. 286.

Lexique des fragments de l'avesta, par Fr. Blochet, Paris, 1895, p. 17.

« *aeva* », « *éva* », « *aiva* » = un = primus.
« *aéva* », « *aévo* »   = adjectif = unus.

En vieux perse « *aiva* » = premier.

En grec, avec le digamma = « *oifo* » puis « *oio* » toujours avec le même sens.

Etant donné que les anciens donnent *toujours*, comme nom propre, la caractéristique principale de la personne, il est difficile de rencontrer deux noms *propres* plus *appropriés* au *premier* homme et à la *première* femme que celui de « *premier* » et « *première* ».

Yahvé vient de la racine « *Ya* » (gr. iemi) = aller.

Yahvé est celui qui *va*; c'est le missionnaire, le chef de l'apostolat.

Sans les apostolats, l'histoire des origines est de toute possibilité et c'est faute d'en avoir retrouvé les traces, que toutes les tentatives d'explications ont assez tristement échoué ; aussi, j'ai dû, pour cette même raison, faire précéder mon hypothèse générale sur les origines et migrations, d'une étude des premiers chapitres de la Bible.

La traduction des dix versets authentiques du premier chapitre a eu pour objet de montrer que le niveau scientifique des membres de l'apostolat de Yahvé pouvait entrer en comparaison avec celui du XXe siècle de notre ère en ce qui regarde les lois générales.

L'interprétation du mythe du troisième chapitre a, je l'espère du moins, jeté suffisamment de lumière sur l'apostolat de Yahvé, dont nous pouvons suivre les traces jusqu'au moment du cataclysme.

Le groupe ethnique, dont Yahvé tente l'organisation et l'amélioration, est de race Ibère soit de la race qui touche de plus près à la nouvelle race blanche et la mission va chercher à infuser, non pas seulement ses doctrines et ses méthodes, mais *le plus pur de son sang*, en procédant par croisement.

Il ne faut pas chercher à voir des motifs de satisfaction sensuelle chez les membres de l'apostolat, auxquels incombait la charge de la fécondation, qui, pour eux, constituait un devoir dans un but très élevé.

Il ne faut pas juger ces hommes, ni peser leurs actes, avec l'esprit sceptique du XXᵉ siècle.

C'étaient des hommes qui voyaient un but à atteindre par un procédé scientifique, qu'ils avaient certainement déjà eu l'occasion d'expérimenter sur eux-mêmes, et le cerveau de ces hommes n'était pas paralysé par des siècles d'une morale qui cherche, avant tout, à faire prédominer les idées religieuses, sur les principes de la science.

Le chiffre des membres de l'apostolat, destinés à l'amélioration de la race, n'avait pas besoin d'être bien considérable pour produire des résultats importants, car une cinquantaine pouvait suffire pour initier plusieurs milliers de naissances annuelles.

Il faut reconnaître que ce procédé, quelque choquant qu'il puisse paraître à nos esprits imprégnés par des siècles d'idées fausses, était scientifique et pratique et devait produire de merveilleux résultats, et en somme c'était de l'« EUGÉNÉSIE ».

Quoi qu'il en soit, les faits sont là et il faut volontairement fermer les yeux pour ne pas le reconnaître.

Maintenant que le voile est soulevé, je suis certain que de toutes parts vont surgir de nouvelles recherches qui auront tôt fait de retrouver et de classer les différents apostolats de race blanche, dont les traces ont pu se conserver jusqu'à nous.

CINQUIÈME ÉTUDE

Origine des Ariens védiques.

Avec le chapitre IV commencent les grandes difficultés résultant de la nécessité dans laquelle se sont trouvés les différents rédacteurs de la Bible de supprimer une partie des faits et de modifier les autres pour se débarrasser des descendants d'Ebel et pour rattacher la race d'Israël à Adam sans passer par Caïn (*qin*).

Après avoir expulsé du pays Adam, ou plus exactement de l'Eden, les violateurs de la loi, Yahvé ne reste pas seul dans l'Eden ; il reste avec lui :

1° Les membres de la mission ;

2° Les fidèles observateurs de la loi ;

3° Les mères de la première période et les premiers descendants (demi-sang) des membres de l'apostolat ; ces derniers vont rentrer sous la dénomination de « ben-aleim » soit les fils de la race souveraine, les enfants de l'apostolat.

Nous pouvons donc envisager, dès cette période, l'existence de deux groupes ethniques ; un premier, le groupe des exilés de race Ibère pure, sous le nom de groupe Caïnique ou groupe de « *Qin* » ; le second, basé sur le croisement et de sang Boréo-Ibère, sous le nom de groupe d' « *Ebel* ».

Les Ebels sont demi-frères des Qin, du côté maternel.

Après le départ, première séparation, le groupe « *Qin* » se trouve encore sous la suzeraineté de Yahvé, il cultive la terre et paie l'impôt en céréales (versets 2 et 3, chap. IV) ; le groupe « *Ebel* » est pasteur de troupeaux et paie l'impôt des premiers-nés.

A mesure que le groupe « *Qin* » se multiplie, il prend conscience de sa force et va tendre à s'affranchir de l'autorité de Yahvé, la chose est fatale ; aussi, le moment venu, sous un prétexte d'impôts à payer, les « *Qins* » se révoltent, le sang coule dans une lutte *fratricide* et les derniers rédacteurs de la Bible en profitent pour tuer « *Ebel* » et s'en débarrasser une fois pour toutes.

Quant à « *Qin* » il sera glorifié sept fois pour la victoire remportée, et le premier pas fait vers l'affranchissement de sa race.

Pour localiser le pointgéographique où se passaient ces événements *historiques,* il ne reste pour ainsi dire rien.

Les seuls points, bien fragiles du reste, sur lesquels on pourrait s'appuyer sont :

Que les révoltés sont exilés à l'est (orient) de l'Eden ; quant au chérubin, à l'épée tout à la fois tourbillonnante et brûlante, il est, sans aucun doute, sorti, tout armé, du cerveau des traducteurs grâce, peut-être, à une perversion du texte.

On pourrait, à la rigueur, considérer le *K* de « *Krbim* » comme un préfixe et prendre le mot « *RB* » qui a le sens de multiplier; on arrive alors à une traduction raisonnable.

« *Le maître souverain chasse la race adamique et l'en-* « *voie se multiplier à l'orient de l'Eden, et les tourbillons* « *brûlants du désert serviront de gardien pour protéger* « *l'Eden contre ceux qui ont violé la loi sur la génération* « *des existences.* »

Le troisième verset du quatrième chapitre semble localiser les « *Qins* » au bord de la mer.

Enfin, comme nous le verrons, le cataclysme (déluge) est tout au moins précédé de phénomènes volcaniques très nettement décrits.

Il faudrait donc trouver un pays, un peu volcanique, placé à proximité de la mer, et à l'ouest, et séparée d'elle par une partie déserte et sableuse.

Après la révolte il doit se produire une période de calme pendant laquelle l'autorité de « Yahvé » sur les « *Qins* » devait être à peu près nominale.

A partir de ce moment, on marche à tâtons et c'est à

peine s'il jaillit quelque lumière de l'épisode de Lamech
(« *Lmk* »).

On pourrait entrevoir une sorte d'alliance entre les
« *Qins* » et les « *Ebels* » ; Lamech représenterait la race
adamique en général et ses deux femmes le groupe
« *Qin* » et le groupe « *Ebel* ».

« *Odé* », première femme de Lamech, a deux fils dont
les noms s'écrivent : JBL et IOUBL ; si l'on compare ces
deux noms à celui d'Ébel qui s'écrit EBL, on est obligé de
reconnaître que les caractéristiques BL figurent dans
les trois noms, les voyelles initiales seules se trouvant
changées.

La seconde femme de Lamech est Tzillah qui s'écrit
« *Tzlé* » et son fils est « *Toubal-Qin* ».

De plus, vers la fin de sa vie, Lamech réunit ses deux
femmes et s'adresse à elles, très solennellement, pour
leur raconter très obscurément du reste, une histoire où
il s'agit de l'avenir de la race et dans laquelle il s'accuse
et se glorifie, en même temps, du meurtre d'un homme et
d'un enfant et il ajoute que si « *Qin* » a été glorifié sept
fois, lui Lamech, le sera soixante-dix fois.

En tout cas, et à partir de ce moment, la descendance
d'Abel disparaît totalement ; ce qui nous indique qu'une
migration a certainement dû avoir lieu.

Quant à la question de langues, la partie croisée, de
sang boréo-ibère, avait dû adopter la langue de l'apostolat, soit la langue boréene, tandis que le groupe de *Qin*
avait dû conserver sa propre langue, soit la langue ibérienne pour adopter plus tard celle des féminins en T
après la conquête de l'Assyrie.

Nous retrouvons plus tard les « Ebels », de race croisée dans la région des Sept rivières sous le nom d'Ariens
védiques ; ils sont en partie pasteurs nomades et sont
dirigés par des « *richis* » ou « *sages* » dans lesquels nous
reconnaissons les dernières traces de l'apostolat de
« Yahvé ».

SIXIÈME ÉTUDE

Le déluge.

Le récit du déluge, tel qu'il est donné dans la Bible au sixième et septième chapitre, est un mélange de trois traditions :

1º Un reste Moïsiaque, malheureusement trop court, qui indique très nettement une série de phénomènes volcaniques;

2º Une très longue histoire, fabriquée d'après les documents cunéiformes de Babylone, et qui provient d'une population maritime, ayant un port de mer et où a dú se produire un effroyable raz de marée;

3º Quelques traditions avestiques donnant lieu à une distinction entre les animaux purs et les animaux impurs.

Le metteur en page s'en est donné à cœur joie pour nous fabriquer une longue légende, du reste parfaitement ridicule.

Le onzième verset du sixième chapitre, que le metteur en page a bien voulu respecter, doit être resté, presque mot pour mot, tel que l'avait écrit Moïse; aussi mérite-t-il toute notre attention.

11ᵐᵉ Verset : Ou t-shêt é-artz l-fni é-alêim ou t-mla c-artz hêmç.

Je donnerai le sens des mots en latin, d'après Gésénius, lexicon hebraïcum et chaldaïcum, revu par Hoffman, Leipzig, 1847 (les pages correspondent à ce lexique).

« *Shêt* » — (écrit par *Shin* + *heth* + *tau*.) = Fovea, cisterna, carcer subterraneus; soit une excavation (p. 912).

racine : « *Souhé* » (shin+wav+hét) (p. 905).

    « *Souhée* »   = fovea.

    « *Souhém* »   = fossor.

    « *Souhéout* » = fovea.

    « *Sheé* »   = une dépression.

    « *Shéit* »   = fovea.

La signification du verbe est donc bien nette et bien précise et signifie « *l'action de faire une excavation* ».

« *artz* » — nous connaissons déjà ce mot pris pour *matière* et pour la *terre* en général.

    Quand l'auteur spécifie, nous avons vu qu'il emploie les mots suivants :

    Pour le pays d'Adam = « *adma* ».

    Pour la terre cultivée = les champs = *sdé*.

« *l-fni* » — la lettre *lamed* est un préfixe dont les sens sont nombreux; j'en donne ci-dessous la liste d'après Gésénius :

    1° Se diriger vers.

    2° Usqué — adeo.

    3° In transitu.

    4° Nota dativi; dativae causae et auctoris.

    5° Quo attinet ad.

    6° Propter.

    7° in commodum.

    9° secundum.

    10° ad tempus; de temporis momento.

Le mot « *fni* » racine « *fné* » = en face de; pars anterior; in conspectu; ante corum; ante, avant un événement.

é-aléim. Comme nous l'avons vu, pluriel de « *alé* » = force, puissance; et dans le cas présent = forces souterraines = forces plutoniques = énergie mécanique.

    A noter que « *aléim* » est préfixé par un « *hé* », ce qui est fort rare.

« *mla* » = implevit, replevit, impletus fuit ; (par *mem* + *lamed* + *aleph*) (page 524).

Sens parfaitement déterminé.

« *Hèmç* » par *Heth* + *mëm* + *samech*.

(Page 316) racine « *Hèm* » = calidus ;

« *Hèmè* » = calor (p. 317) ;

« *Hèmm* » = caluit, calefactus est (p. 318) ;

d'où vient « *Hèmç* » violenter égit et violentia.

En somme, sens très précis de : « *action violente pro- duite par la chaleur* ».

Traduction mot à mot :

« *Ou t-shèt* » : elle se creusait, se fissurait.

« *è-artz* » : la terre

« *l-fni* » : en présence

« *èaléim* » : des forces (souterraines)

« *ou* » : et

« *t-mla* » : était remplie

« *è-artz* » : la terre

« *mèmç* » : d'actions violentes produites par la cha- leur.

Soit : La terre se creusait sous l'action des forces sou- terraines et elle était remplie d'actions violentes cau- sées par la chaleur.

Voici maintenant la traduction donnée par J. Halévy (*Recherches bibliques*, tome Ier, page 15) :

11. (Alors) la terre était corrompue à la face de Elo- hîm et elle était pleine d'actes de violence.

12. Elohîm voyant que la terre était dépravée et que toute chair y avait perverti sa conduite.

13. il dit à Noah : j'ai l'intention d'en finir avec (les êtres de) toute chair, car la terre est pleine de leurs actes de violence; je vais donc les exterminer de sa surface.

Les Grecs traduisent « *é-artz* » comme s'il y avait « *é-admé* », c'est-à-dire, les habitants adamiques de la terre; ce qui constitue un premier contre-sens.

Pour arriver à donner à « *t-shét* » le sens de corrompre, ils procèdent par le mode suivant :

« *Shét* » ━ excavation ━ citerne.

> Quand on laisse une citerne trop longtemps sans la nettoyer, elle sent mauvais ; l'eau en est corrompue, d'où : corrompre, en parlant de l'eau, puis corrompre au moral, en parlant des hommes.

« *é-aléim* » ━ Elohîm ━ divinité.

« *hémç* » ━ action violente causée par la chaleur ━ action violente des hommes causée par une perversion morale.

C'est une traduction plutôt *tirée par les cheveux*.

Voici la traduction véritable des versets 12 et 13, en conservant pour *aléim* le sens que lui donnent les traducteurs grecs.

Verset 12. Et Dieu vit que la terre se détériorait et à son intérieur la chaleur produisait des actions violentes.

Verset 13. Et Dieu se manifestant à Noé lui dit : Voici la fin de tout ce qui se trouve en face de moi, car l'intérieur de la terre se remplit d'actions violentes et j'assisterai à la destruction de cette terre.

Ces deux versets, 12 et 13, sont du commentateur.

Le 4ᵉ verset du 7ᵉ chapitre :

Ki l-imim oud sboé anki mmthir ol é-artz arboim ioum ou arboim l-ilé ou m-héiti at kl é-i-qoum asr ositi mol fni é-admé.

Ki = *quo tempore* = à ce moment;

imim = les eaux, les masses d'eau de la mer = « *imim* » = la mer;

oud = *revertere* = reviendront sur elles-mêmes;

sboé = sept; sept est un chiffre rituel sans signification précise; correspond à plusieurs fois.

anki = est employé pour « *ego* » = moi. Mais « *ank* » possède aussi la signification de : pierres lourdes = plomb = minerais = pierres volcaniques;

mmthir = tomber du ciel; ce n'est pas le mot employé généralement pour « *pleuvoir* »; « *mmthir* » est employé de préférence pour « *la grêle* » et figure pour la pluie de soufre et de bitume de Sodome ;

ol é-artz = sur la terre;

arboim ioum ou arboim lilé { quarante jours et quarante nuits; de même que pour « *sept* » ; correspondant à « *un certain temps* ».

Ce verset semble bien correspondre à un raz de marée, accompagné d'éruptions volcaniques.

On pourrait traduire : Et les flots de la mer reviendront plusieurs fois sur eux-mêmes et pendant des jours une pluie de pierres tombera sur la terre, et tout sera détruit sur ce pays que j'avais civilisé pour les hommes.

Le verbe « *i-qoum* » a le sens très net de détruire avec violence, par une action brisante, avec effort, et ne correspond pas du tout à une destruction causée par une pluie d'eau.

En résumé, les renseignements qui proviennent directement de Moïse correspondent à une série de tremblements de terre et d'éruptions volcaniques; quant à ceux tirés par le metteur en page des tablettes babyloniennes, leur origine maritime est formelle.

Le point de départ du récit assyrien est « *Shurippak* » sur l'Euphrate (ligne 11) et nous voyons (ligne 23) : « *Le vaisseau tu construiras* » (ligne 26), *tu le feras descendre à la mer.* »

A la fin du cataclysme, le vaisseau revient au port et les hommes qui le montaient constatent que tout a été détruit.

L'origine de ce récit peut être parfaitement historique ; quelque temps avant la catastophe, sans avoir nullement été prévenu par une divinité amie, un équipage s'embarque dans un but commercial et, par une heureuse chance, se trouve absent au moment du cataclysme ; en revenant au port, les hommes constatent la destruction de toutes les habitations et de tous les habitants ; il suffit d'un fait de ce genre pour former l'origine d'un récit mythique, car les hommes n'inventent jamais de toutes pièces et l'on retrouve toujours *un fait vrai* derrière les mythes, *même les plus extraordinaires.*

Le metteur en page, ayant été charmé par le récit des tablettes assyriennes, a trouvé très naturel de le placer dans la Bible et d'effacer en partie les traces du récit de Moïse touchant un cataclysme volcanique, récit qui devait être moins brillant, mais qui, pour nous, aurait été plus intéressant.

SEPTIÈME ÉTUDE

Le 22ᵉ verset du 9ᵉ chapitre de la Genèse.

Ou ira Hèm abi Canon at oroul abiou ou i-gd l-sni ahéiou b-héoutz.

ou ira Hèm	= Il vit, Hèm (cham) ;
abi	= père ;
Canon	= de Canon (chanaan) ;
at	= pronom indicatif = ipse = ce, cette, ces ;

orout	= nuda pudenda (du sexe féminin);
abiou	= de son père;
ou	= et;
i-gd	= futur du verbe « *gdd* ». 1° incidit, secuit
	= sens de diviser, de couper, de trancher;
	2° penetravit, irrupit (a secando); c'est
	une pénétration avec violence, avec effrac-
	tion; en parlant d'une tente, ce serait pé-
	nétrer après avoir coupé la toile de la
	tente;
l-sni	= les deux;
ahèiou	= frères;
b-hèoutz	= adverbe; foris = être dehors, être absent,
	en l'absence de ses frères.

J'attache une grosse importance à une traduction précise de ce verset, car il donne des renseignements très
intéressants, qui permettent de reconnaître la race représentée par « *Hém* », et les raisons pour lesquelles cette
race doit rester asservie aux deux autres.

Les traducteurs, comme cela leur arrive si souvent, ne
comprennent pas le sens d'une traduction mot à mot et
alors ils donnent une traduction fantaisiste de leur choix
qui tombe toujours très mal.

Dans ce verset, le mot mal traduit est « orout ».

« *Orout* » est un féminin sexuel, très explicitement précisé par le *Tau* final, comme :

$$Br = \text{filius} = \text{fils;}$$
$$Bt = \text{filia} = \text{fille (avec le Tau);}$$
$$ahèiè = \text{frater} = \text{frère;}$$
$$ahèout = \text{soror} = \text{sœur (avec le Tau).}$$

« Orout » a donc pour signification très précise: « *Nuda
pudenda muliebris* ».

Les traducteurs, trouvant absurde de gratifier le père
de « Hém » de « *pudenda muliebris* », ont traduit, au

mépris du texte : « *Hém vit la nudité de son père* », tandis qu'il fallait sous-entendre « *uxoris* » et traduire : « *Hém vit la nudité des femmes de son père* ».

Comme on peut le vérifier dans Gésénius, qui n'est pas sujet à caution, dans son « *Lexicon hebraïcum* » (p. 728, col. *a*) :

(Lév. 20, 11 cf. 18, 8. 16-3) Pudenda patris sui *id est* pudenda *uxoris* patris sui.

On comprend toute l'importance de ce changement; Hém, ainsi que ses frères, du reste, avait eu cent fois l'occasion de voir la nudité de son père sans y attacher la moindre importance; les hommes se baignaient nus les uns devant les autres sans y voir aucun mal; aussi, le fait que Hém, et toute sa postérité, allait être réduit en esclavage en punition du crime d'avoir vu la nudité de son père constituait une chose parfaitement absurde et tout à fait ridicule; mais les braves interprètes n'en étaient pas à une absurdité près et tous les traducteurs ont suivi en bons moutons de Panurge.

« Halévy » traduit : « *Ham, père de Kenaan, regarda la nudité de son père et en parla à ses deux frères au dehors* ».

Maintenant, où Halévy a-t-il trouvé, dans le verbe « *gdd, futur i-gd* », que Ham en avait parlé à ses frères? Ça, je n'en sais rien.

La traduction correcte donne :

« *Hém, père de Kanon, vit la nudité des femmes de son père et pénétra avec effraction (dans le gynécée) en l'absence de ses frères.* »

Hém, dont le nom signifie « *chaleur* », est placé là en représentation des populations qui occupaient le midi de l'Arabie.

Ces populations de sang mêlé, en quelque sorte pseudo négroïdes, faisaient partie, comme nous allons le voir, de la race [de Hém, tandis qu'un autre des fils de Noé,

Sém, représente les races berbères et Japhet les races blanches.

Ces trois fils représentent, en même temps, les trois langues des écritures cunéiformes; je ne pense pas que les mots « *père de Kanon* » figuraient dans le texte original, non pas que les Phéniciens ne fassent pas partie de la descendance de Hém, mais parce que ce n'était pas d'eux du tout qu'il s'agissait ici; du reste, les Phéniciens n'ont jamais été une race d'esclaves.

Le rajoutage de ces mots a été fait, après coup, à cause de la haine féroce des enfants d'Israël pour les Phéniciens, et du moment qu'il s'agissait d'un crime et d'un châtiment, le metteur en page n'a pas manqué d'y mêler les Phéniciens.

La seule malheureuse race vouée, par sa couleur, à une sorte d'esclavage perpétuel a été la race noire, avec ses mélanges et ses croisements, et c'est pour nous expliquer une des raisons de la servitude obligatoire que Moïse, cet admirable législateur et ce merveilleux historien, a placé ici l'épisode de Hém avec les femmes de son père.

Cette raison était la furieuse passion sexuelle des races foncées inférieures pour les femmes des races supérieures à peau plus claire; en somme, c'est, en quelque sorte, l'équivalent de ce qui se passe encore de nos jours où les « *sudistes* » de l'Amérique du Nord sont restés esclavagistes, partiellement en raison des viols continuels des blanches par les nègres.

Avec la véritable traduction et la bonne interprétation de cet important verset, on saisit tout de suite la pensée profonde du « *grand historien* » : les hommes de race hémitique violent continuellement les femmes des races supérieures; il doit y avoir répression énergique et cette race devra être asservie aux deux autres.

Les versets suivants (23 et 24) sont un rajout destiné à faire ressortir la bonne conduite des deux autres fils et à voiler la fraude commise dans l'interprétation du vingt-deuxième verset.

Quant à la plantation de la vigne et à l'ivresse de Noé, il ne faut y voir qu'un produit de la merveilleuse faculté d'invention du metteur en page.

La race à laquelle il est fait allusion dans le vingt-deuxième verset est celle qui a reçu de nos jours le nom de « *Sumer* », celle qui parlait la langue mystérieuse qui a jusqu'ici défié les efforts des chercheurs.

Dans la descendance postdiluvienne, qui devait probablement occuper une tout autre place dans l'œuvre originale de Moïse, Hém a quatre fils : Kus, Misraïm, Put et Kenaan, ce qui revient à dire que les peuples représentés par ces quatre fils avaient tous les quatre la même origine ethnique.

Nous verrons, dans l'histoire des origines, quelle était au juste la race de Hém ; je ne veux parler ici que de ses quatre descendances.

« *Misraïm* » correspond à la colonie qui a civilisé l'Egypte.

Kénaan correspond à la colonie phénicienne d'Asie Mineure.

« *Kus et Put* » correspondent à la partie de la colonie phénicienne qui avait émigré au sud de l'Arabie pour y fonder un empire équivalent à celui d'Egypte ; mais « *Kus et Put* » se sont trouvés séparés de Kénaan par les Berbères dès une très haute antiquité.

« *Kus et Put* » avaient trouvé le sud de l'Arabie peuplée par une population négroïde semblable à celle qui peuplait le sud des Indes, étaient entrés en contact et l'avaient asservie de la même manière que les choses s'étaient passées dans la vallée du Nil pour « *Misraïm* ».

Le croisement entre « *Kus et Put* » et les populations autochtones du sud de l'Arabie avait rapidement formé une population métis de couleur très foncée et seule l'aristocratie de la race de Hém avait dû se conserver pure.

La séparation entre « *Kus et Put* » ne se produit que lorsque, sous la poussée formidable des Ibères assyriens, une partie des descendants dut émigrer et passer dans l'ouest africain, en traversant la mer Rouge; « *Kus* » reste en Arabie et « *Put* » passe dans l'ouest africain, où il fonde un empire, et nous trouvons ses descendants répandus partout, sous le nom de « *Bantu* » (Puta-Ponda; en hébreu, Phout); aussi, le Père J. Torrend (S. J.), auteur d'un très remarquable ouvrage sur les langues Bantu, a cent fois raison de penser, avec les anciens Pères de l'Église, que Phuth, troisième fils de Cham, a émigré dans l'ouest africain, où ses descendants sont actuellement connus sous le nom de Bantu.

Ce passage, par mer, d'Arabie en Afrique devait être connu des descendants de Hém dès les temps les plus reculés, car cette partie de l'ouest africain formait le réservoir d'or de l'Arabie aussi bien que le réservoir d'or de l'Egypte.

Quant à la langue de « Sumer », elle doit être constituée par un mélange de trois éléments :

Un élément autochtone provenant des races brunes asservies;

Un élément propre à l'ancienne langue de Hém;

Un élément berbère.

L'étude très approfondie des racines des dialectes Bantou devra probablement servir de base aux premiers déchiffrements de la langue de « Sumer », et les anciens documents de cette civilisation, qui se produisait parallèlement à celle d'Egypte, nous livrera bien certainement des renseignements du plus haut intérêt.

On peut discuter la question de savoir si « Kus » et « Put » n'ont pas, à un moment donné, été l'origine d'une migration en Afrique plus au nord, migration qui aurait été la source de la population d'Abyssinie; nous aurions alors :

$$\text{Hém} \begin{cases} \textit{Milzraïm} \text{ (Egypte)} \\ \\ \textit{Kanon} \text{ (Phéniciens)} \begin{cases} \text{Sumer} \\ \\ \textit{(Kus} \text{ et } \textit{Put)} \end{cases} \begin{cases} \text{En} \\ \\ \text{Afrique} \end{cases} \begin{cases} \text{Bantous} \\ \\ \text{Abyssiniens} \end{cases} \end{cases}$$

DEUXIÈME PARTIE

LES MÉTHODES SCIENTIFIQUES

PREMIÈRE ÉTUDE

Les indices de multiplication.

Les conditions dans lesquelles les races viennent à se multiplier, doivent prendre la première place dans l'étude des origines et des migrations et, faute d'avoir compris l'importance de cette question, bien des auteurs, malgré leur érudition et leur intelligence, se sont exposés à commettre de très grosses inconséquences, comme celle de localiser des foyers de multiplication sur des points, et dans des conditions, où les populations au lieu d'*augmenter*, devaient *diminuer* et finir par disparaître.

Ce serait, en somme, comme si des économistes, ignorants des questions agricoles, plaçaient dans des marécages les centres de production des pommes de terre, ou dans des pays froids les centres de production des cafés.

Les migrations continues, dans des directions déterminées, présupposent, au point d'origine, un foyer de multiplication très actif; c'est le vase d'eau qui déborde, et le liquide qui s'écoule par les chemins de moindre résistance, et l'on devra présupposer une source suffisante pour alimenter le vase d'eau, si l'on veut que l'eau continue à s'écouler.

Il est nécessaire de classer, tout d'abord, le genre de

vie et le lieu d'habitat, pour pouvoir ensuite étudier leur influence sur l'indice de multiplication.

Deux facteurs principaux concourent, dans un sens opposé, à l'augmentation de la population :

1° La fécondité ;

2° La mortalité.

La fécondité est un facteur dont nous n'aurons pas à tenir compte, pour la raison que la misère physiologique tend à augmenter la fécondité, tandis que les conditions trop favorables tendent, au contraire, à la diminuer.

Cette loi est absolument générale et régit aussi bien le règne végétal que le règne animal ; aussi, comme elle est admise par tous, je ne ferai que la signaler sans y insister davantage.

En résumé, dans toutes les conditions possibles, parmi celles que nous pouvons rencontrer, la fécondité sera toujours suffisante pour assurer des indices de multiplication extrêmement élevés.

Nous n'avons donc à examiner que la question de mortalité, et tout d'abord à reconnaître qu'elle se résume dans celle de la « MORTALITÉ INFANTILE ».

Dans tous les ouvrages que j'ai lus, touchant les origines et les migrations, et j'en ai lu des quantités considérables, je n'ai jamais rencontré, même les mots de « *mortalité infantile* » ; c'est assez dire le peu de valeur scientifique de ces ouvrages, dont les auteurs cherchent généralement à déterminer le point géographique, des foyers de multiplication, par l'emploi, ou le non-emploi, de certains préfixes grammaticaux.

La difficulté pour la femme n'est pas de concevoir, ni même d'accoucher ; la grosse difficulté pour elle consiste à nourrir et à élever ses enfants, et surtout, à leur faire dépasser l'âge de *deux à trois ans*.

Même à notre époque, où pourtant les questions de bien-être, de confort et d'hygiène ne sont pas à comparer, c'est la mortalité infantile qui constitue, *de beaucoup*, le facteur principal de l'indice de multiplication; c'est assez dire la valeur que pouvait avoir ce facteur aux époques primitives.

D'après leur mode de vie, on peut diviser les hommes des époques primitives en quatre classes principales :

1° Nomades chasseurs;
2° Nomades pasteurs;
3° Sédentaires agricoles;
4° Sédentaires ichtyophages.

1° Nomades chasseurs.

Le premier groupe, nomades chasseurs, est celui de tous chez lequel la mortalité infantile tendait à son maximum et il arrivait presque toujours que, l'indice de multiplication devenant négatif, le groupe venait à disparaître.

Comme, dans ce genre de vie, les raisons de la mortalité infantile sautent aux yeux, je ne les discuterai pas, d'autant plus que nous en trouvons encore des exemples, sous nos yeux, dans l'Amérique du Nord, au Brésil, au Chaco argentin et en Australie.

2° Les nomades pasteurs.

Sans être aussi déplorables que chez les nomades chasseurs, les conditions de vie, en ce qui regarde les enfants en bas âge, sont encore extrêmement précaires; du reste, ces conditions de vie peuvent être étudiées sur place chez les populations des environs du *Tchad, Kanem* et *Ouadai* (voir HENRI CABRON : *Les Régions du Tchad*, Paris, 1912).

On peut les résumer en :

a) Manque de stabilité;
b) Conditions déplorables des habitations temporaires;
c) Nourriture variable sous la dépendance :
    1° des saisons;
    2° de la nature des herbages, qui réagit sur les qualités du lait;
    3° des épizooties.

En plus : maladies infectieuses résultant du contact
avec les animaux domestiques; contage par les mouches,
les insectes et les parasites.

3° Sédentaires agricoles.

Avec les sédentaires agricoles les conditions s'améliorent, mais sans être encore bien favorables, car nous
retrouvons :

a) Variation dans l'alimentation, résultant de la variation des récoltes;

b) Périodes de famine;

c) Contages par les animaux domestiques et les parasites;

d) Travaux fatigants des femmes, pendant et immédiatement après les périodes de grossesse.

Et, avant tout, les pillages continuels des populations
agricoles sédentaires par les nomades chasseurs et pasteurs qui s'habituent à vivre parasitairement sur le travail des sédentaires et en dernier lieu l'esclavage.

Du reste, on peut ici encore, faire des études sur place
et comparer les chiffres des mortalités infantiles entre
les populations sédentaires agricoles et celles des pasteurs nomades, dans toutes les régions du Tchad, depuis
le Darfour jusqu'au Sénégal.

4° Sédentaires ichtyophages.

Avec les sédentaires ichtyophages, nous rencontrons
les conditions IDÉALES pour développer jusqu'à son plus
extrême maximum, l'indice de multiplication.

J'emploie le mot *ichtyophage* dans son sens le plus
général, l'alimentation ayant pour base toutes les variétés de mollusques, de crustacés et de poissons.

Ce genre de vie, dont les « *kjökkenmöddings* » nous ont
laissé les traces, serait, encore à notre époque, malgré toutes les découvertes et les perfectionnements du XXᵉ siècle,
de beaucoup le genre de vie le meilleur pour développer,
au plus haut degré, l'indice de multiplication d'une race.

La nourriture ne manque jamais et reste pratiquement indépendante des saisons et des variations atmosphériques; nous rencontrons avec abondance, dans les kjökkenmöddings, les huîtres, les coques, les moules et les littorines, toutes, du reste, de beaucoup plus grande taille qu'à notre époque; comme poissons les harengs, les cabillauds, les limandes, les anguilles, etc.

Comme qualité, l'alimentation est parfaite; tout d'abord, elle est *hyperchlorurée* tandis que celle des trois autres groupes est toujours *hypochlorurée*, par suite du manque de sel; ce point est important, et je ne l'ai pas vu signaler jusqu'ici.

En plus, l'alimentation est *«phosphatée»* à un très haut degré et dans des conditions et sous des formes qui facilitent l'assimilation; le phosphore, ce métalloïde précieux, est tout à la fois, l'aliment d'élection des cellules nerveuses et du système osseux, il en résultera donc un extra-développement de la matière cérébrale et du squelette et nous aboutirons, tout d'abord, à une augmentation de la taille.

On peut, en passant, signaler un résultat inverse produit chez les négrilles des forêts du centre africain dont la diminution de taille ne peut être attribuée qu'au défaut de chlorure de sodium et de phosphate de chaux dans l'alimentation.

Pour les enfants, pendant la gestation, en ce qui regarde leur mère, et pendant les premières années, cette alimentation *superphosphatée* devait produire des résultats merveilleux.

Le genre de vie des enfants, toujours à rouler sur le sable de mer, était absolument idéal et, respirant l'air chargé de l'écume de mer, ils aspiraient à pleins poumons l'iode et le brome.

Les mères n'avaient pas l'occasion d'être soumises à un travail exagéré ni à des efforts excessifs pendant les périodes de grossesse et les fœtus pouvaient croître et se développer dans d'excellentes conditions.

Les maladies contagieuses se trouvaient réduites au minimum, on peut même dire au néant; il n'y avait pas d'animaux domestiques, d'où suppression des parasites et de toutes sortes de contages redoutables.

Dans ces conditions, véritablement exceptionnelles, et si l'on tient compte qu'aux époques primitives les grossesses gémellaires étaient bien plus fréquentes que de nos jours, l'indice de multiplication devait être formidable, et l'on n'ose même pas le fixer, crainte d'être taxé d'exagération.

Comme nous avons pu le reconnaître par l'étude des restes de ces anciennes stations, les villages étaient généralement adossés à des collines et dans les conditions les plus avantageuses pour se trouver à l'abri des mauvais vents.

Dans les « *Kjökkenmddings* » nous trouvons les os de gibier correspondant au cerf, au chevreuil, au sanglier, au renard et aux loups; ce qui nous montre que les hommes se livraient à la chasse, par plaisir et pour varier leur alimentation; je dis, *par plaisir*, car la masse des coquilles nous montre que la base de l'alimentation restait la même et ne venait jamais à manquer.

Sur les côtes du Danemark on retrouve des *Kjökkenmöddings* de 300 mètres de long, sur 3 mètres d'épaisseur et 70 mètres de large, ce qui nous donne 63,000 mètres cubes de débris pour une seule station.

Il résulte de ce tableau, que je ne fais qu'esquisser, car le sujet est universellement connu, que c'est au bord de la mer, parmi les sédentaires ichtyophages, que nous devrons localiser les grands foyers de multiplication qui ont dû fournir les éléments nécessaires à toutes les premières migrations.

Placer des foyers de multiplication de races sur des hauts plateaux, balayés par des vents glacials, exposés à toutes les intempéries, parmi des populations de pasteurs nomades soumis à toutes les privations est bien certainement l'hypothèse la plus folle et la plus insensée que puisse imaginer le cerveau des hommes.

Je place sous les yeux du lecteur un tableau de multiplication des races, par rapport au temps et à l'indice de multiplication, pour qu'il puisse plus facilement se faire une idée des choses.

Je prendrai pour maximum le cas d'une population qui double en cinquante ans, tout en faisant remarquer que ce maximum a dû souvent être largement dépassé, chez les sédentaires ichtyophages; comme point de départ un groupe de cinq cents couples = mille individus.

Années (50)	Années (75)	Années (100)	Années (150)	Années (200)	Population
0	0	0	0	0	1,000
50	75	100	150	200	2,000
100	150	200	300	400	4,000
150	225	300	450	600	8,000
200	300	400	600	800	16,000
250	375	500	750	1000	32,000
300	450	600	900	1200	64,000
350	525	700	1050	1400	128,000
400	600	800	1200	1600	256,000
450	675	900	1350	1800	512,000
500	750	1000	1500	2000	1,024,000

RÉSUMÉ.

Pour passer de 1,000 à 1 million :

Avec une population qui double en 50 ans, il faut 500 ans.

»	»	75	»	750	»
»	»	100	»	1,000	»
»	»	150	»	1,500	»
»	»	200	»	2,000	»

DEUXIÈME ÉTUDE

L'écriture et la chronologie.

L'écriture est un procédé mnémotechnique correspondant à la formation d'un « *induit* » entre une impression optique et une série d'actions musculaires réflexes qui aboutissent à une articulation phonétique correspondante.

Même dans nos langues modernes, l'écriture n'est qu'une mnémotechnie, car c'est l'aspect général du mot *vu* qui détermine sa prononciation et non pas sa structure intime et l'on peut dire, sans craindre de se tromper, que l'écriture latine est pictographique aussi bien qu'alphabétique.

En lisant, nous n'épelons *jamais*, nous n'en aurions pas le temps; aussi, si les mots ne sont plus séparés, les uns des autres, par des blancs nous ne pouvons plus lire pour la raison que notre œil ne reconnaît plus le *dessin* du mot; si même nous écrivions tous les mots, tels qu'ils doivent être prononcés nous serions très embarrassés pour les lire.

Le premier homme qui, ramassant un caillou pointu, a fait une marque sur son bâton, a, dans le fait, commencé à écrire.

Faire un nœud à son mouchoir, pour se rappeler plus tard une chose à faire, se trouve être la base d'un système d'écriture mexicaine.

On lit dans les livres que l'écriture est une invention relativement moderne, c'est là une erreur grave, l'écriture est presque aussi ancienne que l'homme, seulement nous ne retrouvons plus les traces des moyens qui avaient été mis en œuvre pour fixer les idées.

Dans le problème des origines, l'étude méthodique des procédés d'écriture employés peut servir pour se rendre compte des prédispositions cérébrales et du niveau moyen de l'intelligence de la race.

En effet, nous devons estimer et classer la valeur de l'organe d'après les résultats qu'il produit et le cerveau est un organe soumis comme les autres aux grandes lois de l'hérédité.

De nos jours, l'écriture de toutes la plus difficile à lire est sans contredit le « *Tifinar* », écriture des Berbères « *Imouchar* ».

Voici, du reste, ce qu'en dit le général Hanoteau, le père des études berbères :

> « *Il n'existe aucun signe accessoire pour représenter les*
> » *voyelles, le redoublement des consonnes ne s'indique pas*
> » *davantage et quand la dernière articulation d'un mot*
> » *est la même que la première du mot suivant, on n'écrit*
> » *le plus ordinairement qu'une seule lettre pour repré-*
> » *senter les deux. Il n'y a ni ponctuation, ni majuscules,*
> » *ni séparation entre les mots, et les caractères d'un écrit*
> » *se suivent sans interruption.*
>
> » *Lorsque j'ai présenté à des Imouchar un écrit qu'ils ne*
> » *connaissaient pas, j'ai toujours observé qu'ils commen-*
> » *çaient par épeler en psalmodiant et appliquant successi-*
> » *vement à chacune des consonnes les différents sons-*
> » *voyelles; ce n'était qu'après un tâtonnement plus ou*
> » *moins long qu'ils arrivaient à deviner les mots et à*
> » *constituer des phrases.* »

Il est facile de conclure de cette exposition que ce n'est pas chez les races berbères et sémitiques qu'on devra aller chercher les inventeurs des systèmes perfectionnés des écritures; il y a là une prédisposition cérébrale qui fait tout à fait défaut à la race.

C'est dans l'origine et le développement de l'écriture cunéiforme qu'on peut le mieux suivre le rapport qui existe entre les races et les écritures.

Nous rencontrons, à l'embouchure du Tigre et de l'Euphrate, une race, dite Sumérienne, qui fait partie de la famille de « *Hèm* » et se trouve la sœur de l'Egypte (Mitzraïm) et de la Phénicie (Kanon).

L'écriture archaïque de « Sumer » est nettement *idéographique* quant à son origine; les Sumériens ont commencé par représenter les choses par leur reproduction graphique, puis, le dessin s'est simplifié, peu à peu, et s'est réduit à une série de traits, qui finalement ont abouti aux clous qui ont fait donner à cette écriture le nom de « *cunéiforme* ».

Le Sumérien dessine, par exemple, une bouche et une partie de gosier, le tout se trouvant très simplement représenté par un triangle ouvert à un angle et un rectangle adossé à la base opposée à l'ouverture; quatre petits traits placés en travers de la base vont représenter les dents et un petit trait sur un côté du triangle représentera la langue; la figure ainsi obtenue est suffisamment précise pour ne laisser planer aucun doute sur sa signification.

Quand un Sumérien reçoit l' « *impression optique* » de ce dessin il se forme un induit et il prononce (dans sa langue) le mot de « *Bouche* ».

Pour passer du substantif au verbe, les Sumériens ont imaginé un procédé, tout à la fois très ingénieux et très élégant; pour représenter l' « *eau* », ils ont un signe graphique très simple, soit un trait vertical suivi d'une croix; ils placent alors ce signe de l'eau dans la partie correspondant au gosier, et l'impression optique de ce « *dessin composé* » va correspondre à la phonation du verbe « *boire* », car effectivement, pour boire, il faut mettre de l'eau dans le gosier.

En remplaçant le signe de l'eau par celui d'aliment solide, ils arrivent au verbe « *manger* ».

Le signe du «*vent*» placé, lui aussi, dans le gosier (qui correspondra à la trachée) indique l'émission d'un son, d'où résulte le verbe « *parler* ».

Cet ingénieuse invention possède des ressources infinies; un fer de lance dans la bouche indiquera les paroles dures, offensantes, cruelles; le signe de la mort va correspondre à des paroles de mort, envoûtement, ensorcellement, malédiction.

Pour indiquer la *soif*, ils placent, dans le gosier, le signe du *soleil*, et c'est bien une image saisissante que celle d'avoir « *le soleil dans le gosier* ».

Le signe du *Phallus*, réuni au signe de la *femme*, veut dire « *accouchement* »; le signe de l'eau placé dans le signe d'une enceinte fermée, dans le fait un simple carré, indique un lac, un étang, un marécage.

Avec un nombre de signes primitifs très restreints, comme ceux des pieds, des doigts, des mains, de l'eau, du soleil, etc., etc., et avec leur système d' « *inclusion* » comme le dit Paul Toscane, avec infiniment d'à-propos, il est facile de comprendre qu'on peut arriver à exprimer, à peu près, tout ce que l'on voudra.

Plus tard, ce mode d'écriture va fatalement aboutir au « rébus », où le dessin ne représente plus qu'un son, celui de l'objet représenté, et alors, par exemple, le dessin d'un « *rat* » suivi de celui d'un « *chat* », se prononcera « *rachat* » et le mot prononcé n'aura plus, avec le signe indicatif, qu'un rapport « *phonétique* ».

L'analyse de ce système d'écriture nous montre que la race des Sumériens, *issue de Hèm*, se trouve déjà très développée au point de vue intellectuel et possède, en plus, une prédisposition marquée pour le système des écritures, aussi ne sommes-nous nullement surpris de rencontrer chez le frère « *Mitzraïm* » d'Egypte, et l'autre frère « *Kanon* » de Phénicie, un développement similaire; c'est en quelque sorte le génie de l'écriture qui vient former un caractère distinctif de la famille.

La race de « Sumer » est conquise et partiellement asservie par les Assyriens, les conquérants adoptent l'écriture et s'efforcent de l'appliquer à leur langue, mais ils s'y prennent de telle façon que les cunéiformes assyriens battent tous les records de casse-tête chinois; aussi, sommes-nous en droit d'en conclure à leur manque de prédispositions pour les systèmes d'écriture.

Arrive alors une troisième race, la race boréale, représentée par les Perses; eux aussi adoptent l'écriture cunéiforme, mais, d'un seul coup, démêlent l'inextricable fouillis des cunéiformes assyriens et simplifient le système jusqu'à sa limite; ils ne gardent que quelques idéogrammes, dont ils se servent le moins possible, et réduisent au minimum le nombre des signes syllabiques.

Nous en concluons à leur développement cérébral et à leur bonne compréhension des systèmes de représentation graphique de la parole.

Pour arriver à reconstituer, tout à la fois, l'écriture et la langue des Sumériens, il faut, après avoir bien établi la base de leur procédé, se mettre, en quelque sorte, à leur place et étudier le système auquel on pourrait arriver en « *réinventant à nouveau* » leur écriture; mais, pour faire ce travail avec fruit, il faut avoir grand soin de se dépouiller de toute idée moderne et raisonner en Sumérien et non pas en citoyen du XXe siècle.

On est déjà arrivé à certains résultats, mais il reste encore beaucoup à faire pour voir clair dans l'imbroglio des syllabaires assyriens; on peut penser que les Assyriens, qui appliquaient un système dont-ils n'étaient pas les inventeurs, pouvaient comprendre tout de travers les textes de « Sumer » et il ne faudrait pas s'en rapporter à leur dire, comme à parole d'Evangile.

Il ne faut pas prendre les syllabaires assyriens pour point de départ, mais ne s'en servir que comme mode de vérification; en somme, il faut procéder « *par synthèse* » pour établir, en quelque sorte de toutes pièces, une langue idéographique basée sur le processus Sumérien.

Quand on vient à examiner avec méthode les syllabaires modernes publiés, on s'aperçoit vite que le nombre des sens différents, donnés pour chaque idéogramme, est beaucoup trop considérable pour être vrai et beaucoup des interprétations fournies sont infiniment trop subtiles, trop raffinées et surtout « *trop modernes* » pour avoir pu sortir du cerveau de Sumériens qui vivaient il y a près de 6,000 ans.

Pour être apte à aborder ces problèmes si difficiles de la reconstitution des temps passés, il est nécessaire, il est même indispensable de commencer par l'étude complète et approfondie du système nervo-central et de connaître, sur le bout du doigt, la Genèse et le mode de fonctionnement du cerveau.

Qu'il s'agisse d'écritures, de langues, ou de religions, le point de départ est toujours une série d'associations d'idées dont les actions réflexes ont produit les résultats qui sont parvenus jusqu'à nous et qui viennent former la matière première sur laquelle nous avons à travailler.

Si donc, on ignore le mode de fonctionnement de l'appareil, on se trouve exposé à commettre des bévues, et les linguistes, aussi bien que les historiens qui fouillent les anciennes civilisations, et dont les notions en psychologie se bornent généralement à savoir que le cerveau est logé dans le crâne, s'y trouvent exposés, plus que tout autre.

Avant d'en finir avec la langue, ou plutôt l'écriture de « Sumer », je veux signaler un certain parallélisme de système entre le mode de formation des idéogrammes sumériens et le mode de formation des mots de la langue tarasque.

Les Tarasques forment la plus belle race du Mexique ; ils habitaient l'état actuel de « *Michoacan* » et occupaient, lors de la conquête, un rang égal à celui des « *Nahuatls* ».

Leur langue n'a aucune parenté, pas plus avec le Nahuatl qu'avec les langues voisines, et se fait avant tout remarquer, par la caractéristique sur laquelle je viens appeler l'attention.

Il a été imaginé des espèces de clefs, qui rappellent les clefs chinoises et qui se rapportent principalement aux parties du corps.

Pour préciser la signification d'un mot, on intercale la clef *au milieu* du mot, ce qui rappelle les « *inclusions* » sumériennes.

Un exemple fera comprendre ce système très particulier, on pourrait même dire unique en son genre :

la clef des mains est : « *cu* »
la clef de la figure est : « *gari* »
la clef de la bouche est : « *mu* »
la clef des pieds est : « *ndu* »
la clef des parties basses est : « *chu* »
la clef de la tête est : « *htse* »
la clef des oreilles est : « *di* »
etc., etc.

Le verbe « *laver* » se dit « *hopo-ni* »; l'affixe « *ni* » est le signe de l'infinitif.

On dit alors :

Hopo-DI-*ni* = laver les oreilles
Hopo-CU-*ni* = laver les mains
Hopo-GARI-*ni* = laver la figure
Hopo-MU-*ni* = laver la bouche
Hopo-NDU-*ni* = laver les pieds.

« *Thipi-ni* » veut dire se vêtir, d'où vient :

thipi-NDU-*ni* = se chausser
thipi-CHU-*ni* = se culotter
thipi-HTSI-*ni* = se couvrir la tête
thipi-CU-*ni* = se ganter.

Et ainsi de suite et d'une façon générale.

Mais, *et c'est ici le point curieux*, les Tarasques semblent avoir *complètement oublié* la signification de ce système et ils *surajoutent* un régime direct comme si de rien n'était.

Ainsi, pour dire : « *laver les oreilles* », il ne suffit pas de dire « *Hopo-di-ni* », il faut ajouter le régime direct « *oreilles* » qui se dit : «*cutziqua* » et écrire alors, en fait, « *laver les oreilles les oreilles* »; c'est l'équivalent du : « *Mademoiselle Miss* » et du « *Mademoiselle Gretchen* ».

En plus de ces clefs, correspondantes aux différentes parties du corps, il en existe toute une autre série, qui se placent de même à l'intérieur du mot, et qui servent à déterminer le sens de l'action; comme :

« *bez* » = l'action n'est pas sérieuse
« *carah* » = l'action se passe dans la maison
« *cazca* » = l'action se passe sur le sol
« *ché* » = l'action cause un dommage
« *cuxa* » = l'action cause de la tristesse
etc., etc.

Le lecteur intéressé trouvera tous les éléments nécessaires à la connaissance de cette langue, dans l'excellente grammaire de Raoul de la Grasserie; si j'ai jugé nécessaire de parler ici de langue tarasque, c'est que son analyse m'a laissé l'impression très nette qu'elle n'était pas le produit d'une évolution lente, mais le résultat d'une *intervention artificielle* d'origine étrangère.

On peut prévoir, qu'à un moment donné, un apostolat arrivé dans le pays a *fabriqué de toutes pièces* une langue artificielle en prenant comme base les mots de la langue indigène, auxquels ont pu être ajoutés certains autres de la langue de l'apostolat, comme, par exemple, les clefs; ce qui pourrait mettre sur la voie, pour trouver la race de l'apostolat.

En somme, le système de formation des mots en Tarasque est bien trop «*factice*» pour avoir pu se produire par une progression lente, comme dans les autres langues.

Plus tard, l'apostolat ayant disparu, il s'est fatalement

produit une rétrogradation avec tendance au retour vers l'ancien état de choses.

Malgré ce retour en arrière qui est venu embrouiller la langue, je suis persuadé que l'étude de la langue tarasque, envisagée dans le sens que je viens d'indiquer, doit amener à des découvertes *des plus intéressantes*.

Comme ce fait linguistique me semble *unique*, j'ai voulu le signaler aux chercheurs tout en m'en servant comme d'exemple pour montrer les résultats que peut produire l'étude du mode de formation des langues.

Les connaissances que nous possédons sur les écritures pictographiques et lapidaires de l'Amérique centrale se réduisent à fort peu de chose et cela grâce à la férocité stupide et aux superstitions détestables des *Conquistadores*.

Plus sauvages, mille fois, que les populations américaines, dont ils venaient piller les trésors sous prétexte de conversions, les grands inquisiteurs ont tout brûlé, livres, peintures, documents, et pas mal d'indigènes par-dessus le marché; aussi, ces sinistres propagandistes de la Foi mériteraient-ils, à juste titre, d'être mis, pour ce motif, au ban des civilisations qu'ils prétendaient représenter.

La caractéristique des classes dirigeantes des peuples de l'Amérique centrale est l'extrême importance qu'elles attachaient aux observations astronomiques et aux méthodes propres à compter le temps et à fixer les dates.

L'analyse de ces méthodes va nous fournir un moyen pour estimer le développement intellectuel de ceux qui représentaient la science de l'époque, en jetant comme un coup de sonde dans leur cerveau.

Toute une école d'orientalistes et d'américanistes affectent le plus profond mépris pour ces chronologies, qu'ils qualifient de fantastiques; ce en quoi ils ont tort car, de même que derrière les mythes les plus fabuleux il se trouve toujours un fond historique vrai, de même, derrière ces chronologies taxées de fantastiques se trouve toujours aussi un fond astronomique dénotant souvent des observations absolument remarquables.

Les américanistes et les orientalistes, sauf de rares exceptions, ne sont pas plus versés ès sciences psychologiques qu'ils ne le sont ès sciences astronomiques et alors on pourrait croire que leur mépris ne sert, dans bien des cas, qu'à masquer leur ignorance.

Le soleil a servi d'abord à la division des jours, puis plus tard à celle des années; si l'on cherche à établir une troisième période solaire, de grande durée, on ne trouve, comme point de repère, que la précession des équinoxes, phénomène connu, comme nous le savons, dès la plus haute antiquité.

A ce propos on peut noter qu'à notre époque de super-éducation laïque et obligatoire, il n'y aurait probablement pas une personne sur un million capable, non pas seulement de calculer, mais même de s'apercevoir de la précession des équinoxes.

La grande période astronomique de l'Amérique centrale figure sous le nom de « *l'Histoire des Soleils* » et compte 18,028 années, d'après le « *Codex Vaticanus* ».

D'après les calculs modernes, le retard dû à la précession des équinoxes est de 50″,2 par an; il faudrait donc, pour que l'équinoxe fasse le tour entier de l'écliptique, une période de :

$$\frac{360° \times 60' \times 60''}{50'',2} = 25,816 \text{ ans.}$$

L'erreur entre 18,028 ans et 25,816 ans, soit 7,788 ans, semble trop considérable, quoiqu'à vrai dire, si l'on calcule l'erreur annuelle, on trouve :

$$\frac{360° \times 60' \times 60''}{18,028} = 71'',9 \text{ et } 71'',9 - 50'',2 = 21'',7,$$

ce qui, étant donnés les modes d'observation que *nous attribuons* aux anciens, n'aurait rien de trop choquant.

Mais nous devons remarquer que cette grande période

solaire est elle-même divisée en quatre âges qui sont donnés par le « *Codex Vaticanus* » sous la forme suivante :

1er âge (période paradisiaque, éternel printemps). . $13 \times 400 + 6 =$ 5,206 ans.

2e âge (Tletonatiuh, soleil de feu) . . . . . . $12 \times 400 + 4 =$ 4,804 »

3e âge (Ehécatonatiuh, soleil de vent). . . . . $10 \times 400 + 10 =$ 4,010 »

4e âge (Atonatiuh, soleil d'eau) . . . . $10 \times 400 + 8 =$ 4,008 »

18,028 ans.

Cette division est très certainement due à une association d'idées avec la division ordinaire de l'année en quatre saisons et si nous cherchons par quelles coïncidences astronomiques cette division pouvait être inspirée, nous n'en rencontrons qu'une sorte, soit les coïncidences successives des longitudes du périgée avec les solstices de printemps, d'été, d'automne et d'hiver, coïncidences qui résultent du déplacement très lent du périhélie de la terre.

Flamsteed, en 1690, avait trouvé 277° 35′ 31″ pour la longitude du périgée solaire.

Delambre, en 1775, trouve 279° 3′ 17″.

Soit une différence de 1° 27′ 46″ ou 5,266 secondes, ce qui donne 61″9 par an.

Dans ces conditions, la période solaire complète n'est plus que de $\dfrac{360° \times 60′ + 60″}{61″,9} =$ 20,937 ans, et l'erreur de la période américaine n'est plus que de (20,937 — 18,028) 2,909 ans au lieu de 7,788 ans.

L'erreur annuelle est donc : 71″,9 — 61″,9 = 10 secondes, ce qui, en somme, n'est que fort peu de chose.

C'est en l'an 1250 environ de l'ère chrétienne que s'est produite la coïncidence de la longitude du périgée avec le solstice d'hiver et, à cette date, la durée du printemps était égale à celle de l'été, et celle de l'automne à celle de l'hiver.

En remontant en arrière, nous trouvons, pour les coïncidences :

CALCUL EN CHIFFRES RONDS POUR UNE PÉRIODE DE 21,000 ANS.

Longitude du périgée et solstice d'hiver			avant notre ère	19,750
»	»	du printemps	»	14,500
»	»	de l'été	»	9,250
»	»	de l'automne	»	4,000
»	»	de l'hiver	après notre ère	1,250
»	»	du printemps	»	6,500

On peut noter que la coïncidence de la longitude du périgée avec le solstice d'été correspond approximativement à la date rapportée par Platon pour la disparition de l'Atlantide.

Aussi, celle du solstice d'automne, avec la date biblique de la création du monde.

L'analogie entre le nom donné aux âges et les solstices saute aux yeux, et confirme notre prévision de l'association d'idées entre les saisons et les âges.

Entrée dans l'âge paradisiaque de l'éternel printemps avec le solstice du printemps :

Soleil *de feu* avec le solstice d'*été*.

Soleil *de vent* avec le solstice d'*automne*.

Soleil *d'eau* avec le solstice d'*hiver*.

Maintenant, si nous divisons par quatre le chiffre exact de la période complète :

$$\frac{20,937}{4} = 5,234$$

nous constatons qu'avec la première période (premier âge) de 5,206 années, la concordance est parfaite, je la trouve même trop parfaite ; mais je remarque que les calculateurs ont fixé, pour chaque âge solaire, un nombre différent et inégalement décroissant.

Je pense que les astronomes de l'époque avaient

reconnu la variation continue, et toujours dans le même sens, de l'obliquité de l'écliptique, mais qu'ils lui avaient attribué une valeur trop élevée.

Le nombre qu'ils ont dû trouver pour le déplacement du périhélie de la terre devait être compris entre le nombre donné pour le premier âge et celui donné pour le dernier ; ils ont augmenté le premier nombre, pour tenir compte de la variation de l'obliquité de l'écliptique, et ont obtenu ainsi, *par hasard*, le nombre exact pour le premier âge, mais en diminuant le dernier ils ont exagéré l'erreur d'observation.

Quoi qu'il en soit, il est certain que les quatre âges du soleil correspondent à des observations astronomiques très bien comprises et ne sont pas du tout des *fantasmagories*, comme certains américanistes voudraient nous le faire croire.

J'ai cru nécessaire de m'étendre sur cette conception remarquable des quatre âges du soleil, pour montrer, chiffres en mains, qu'il a existé, à une époque extrêmement reculée, un développement intellectuel très supérieur à celui que les auteurs classiques et dogmatiques veulent nous laisser entendre.

TROISIÈME ÉTUDE

L'archéologie.

L'archéologie scientifique doit comprendre deux branches ; la première, branche documentaire, rassemble, groupe et classe tous les restes du passé qu'ont pu fournir les innombrables fouilles exécutées depuis des siècles ; cette première branche se divise en classes correspondantes à la nature des matériaux recherchés et étudiés.

La seconde branche, branche psychologique, étudie et suit le développement cérébral et l'évolution intellectuelle de l'humanité.

Ces deux branches, en contact continuel, se prêtent un mutuel appui; la première fournit les documents à la seconde qui, à son tour, conseille et dirige les recherches de la première.

Si la première cherche à établir des théories, elle se trouve poussée à attribuer à des recherches personnelles et spécialisées une *prépondérance extraordinaire*, ce qui l'entraîne le plus souvent à des conceptions *malheureuses*.

Les actions des hommes, actions dont l'intégrale vient former l'histoire de l'humanité, ne sont finalement que les actions réflexes d'impressions cérébrales, car il existe, de toute nécessité, entre l'impression perçue et l'action réflexe, des relations de *cause à effet* réglées par des lois, aussi l'impression étant connue permet à l'action réflexe d'en être *déduite*.

D'autre part, le cerveau est soumis, comme les autres organes, aux lois de l'hérédité; si donc, on connaît le mode de fonctionnement général du système cérébro-spinal et la race des hommes à étudier ainsi que son degré de développement intellectuel, on pourra, en partant de l'impression perçue, se rendre compte des actions réflexes qui sont possibles et de celles qui ne le sont pas. Cela pourra éviter, par exemple, de faire agir des hommes de race négroïde comme des hommes de race blanche, ou des hommes du premier âge comme ceux du vingtième siècle de notre ère.

L'étude du mode de fonctionnement de l'appareil cérébral nous montre que l'homme ne peut agir que par *esprit d'imitation* et nous trouvons la confirmation de ce fait dans le développement extraordinaire, dans la race humaine, des parties corticales où se localisent les perceptions d'origine optique, car pour *imiter* il faut avoir vu.

La première partie du cerveau qui se développe est celle qui correspond aux *sensations olfactives*, car chez les premières espèces le sens de l'odorat forme la base de la *reproduction sexuelle*, aussi le cerveau a-t-il été, tout d'abord, un cerveau *sentant*, mais chez l'homme il est vite devenu un cerveau *voyant*, ce qui lui a permis de devenir un cerveau *pensant*, car le développement intellectuel résulte des associations d'idées entre les choses VUES.

Je n'ai pas à faire ici un cours de psychologie, je veux seulement signaler très rapidement, avec le moins de mots possible, les modes d'application de la psychologie à l'archéologie.

En ce qui regarde les *monolithes*, nous savons que l'homme n'a pu dresser verticalement les blocs erratiques avant d'en avoir *vu* qui, eux, se trouvaient *naturellement* dressés dans cette position. D'autre part, nous savons aussi que la chose était possible, car les blocs erratiques, apportés par les glaciers, peuvent se rencontrer dans toutes les positions imaginables, puisque leur position définitive résulte de celle qu'ils occupaient dans le glacier, avant la fonte.

Nous allons alors chercher à déterminer les associations d'idées produites, quand des hommes ont, pour la première fois, aperçu un bloc erratique dressé verticalement au milieu d'une plaine; puis nous étudierons ensuite les actions réflexes qui en seront les conséquences.

Quoique au premier abord ce qualificatif puisse sembler mal choisi, il n'en est pas moins vrai que la première impression produite a été une « *impression esthétique* ». Les deux suivantes ont été des impressions de curiosité et de crainte, et ces deux dernières impressions provenaient de l'impossibilité de classer la nouvelle perception par le fait, qu'étant la première de son espèce, elle ne pouvait être comparée à aucune autre et correspondait, par cela même, à l'INCONNU.

La perception de l'inconnu a pour réflexe l'« *approche progressive* »; *approche* comme réflexe de *curiosité* et *progressive* comme réflexe de *crainte*.

Les hommes s'approchent pour examiner, et à l'exa-

men, qui se résume dans une série de nouvelles perceptions de détails, succède la recherche des impressions
antérieures qui se rapprochent le plus des nouvelles;
c'est une comparaison avec les impressions mémoriali-
sées et elle aboutit à des rapports de grandeur et de position, car les hommes avaient déjà vu des blocs erratiques
de grande taille, mais couchés horizontalement.

Ensuite intervient l'idée de *poids*, comme résultat de
l'idée de *travail*, ou effort nécessaire à réaliser pour
redresser un monolithe d'égale grosseur.

Puis, l'établissement d'une comparaison proportion-
nelle entre l'effort dont eux-mêmes sont capables et
l'effort nécessaire au redressement du monolithe; d'où
résulte la *conception imaginaire* d'hommes pareils à eux,
par la forme, mais d'une taille et d'une force très supérieures à la leur.

De nos jours encore, nous retrouvons les traces de ce
processus cérébral, dans le nom de « *pierres dès géants* »
donné aux monolithes.

Nous allons maintenant examiner la question si *importante* des « *coïncidences* », et des manifestations subsé-
quentes.

Si un événement exceptionnel se produit, peu de temps
après, ou pendant que le groupe d'hommes est stationné
aux environs du monolithe, l'événement sera presque
sûrement considéré comme étant dû à l'*influence occulte*
du monolithe.

Si l'événement est *avantageux*, l'influence du monolithe sera *bienfaisante*; s'il est *désavantageux*, l'influence
sera *malfaisante*.

Il pourra en résulter la première origine d'une sorte
de culte, souvent accompagné d'offrandes. Dans le premier cas, les offrandes auront pour objet de ramener un
événement avantageux, elles seront « *propitiatoires* »;
dans le second cas, elles auront pour objet d'apaiser un
pouvoir occulte malfaisant.

Nous pouvons envisager une autre coïncidence :

Un monolithe, dressé verticalement au milieu d'une plaine, est vu et remarqué par les oiseaux auxquels il vient servir de perchoir naturel.

Il se produira, alors, fatalement une association d'idées entre le monolithe sacré et les oiseaux ; ces oiseaux deviendront les « *oiseaux du monolithe* ».

Si le groupe d'hommes, sédentaires ichtyophages par exemple, vient à s'établir dans le voisinage du monolithe, il deviendra *leur monolithe* et déterminera l'origine d'un culte qui pourra se confondre avec le culte des oiseaux qui le fréquentent.

Pour le transport et le redressement des monolithes, je ne ferai qu'énumérer une succession possible de manœuvres :

1° Redressement des monolithes de petite taille ;

2° Leur transport et érection autour du grand monolithe ;

3° Essais infructueux sur les blocs erratiques de grande taille ;

4° Reconnaissance de l'instabilité de l'équilibre ;

5° Essais pour augmenter l'instabilité ;

6° Découverte du système du « *basculement* » ;

7° Pour le transport : découverte, par hasard, du système des rouleaux ;

8° Transport de blocs de plus en plus gros ;

9° Découverte du plan incliné ;

10° Application des rouleaux et du plan incliné pour amener un bloc, la base en avant, jusqu'à la hauteur suffisante pour permettre de le redresser en le faisant basculer.

Ce dernier système découvert permettait la mise en place des grands blocs plats sur d'autres blocs dressés, qui doivent servir de soutien.

Procédés successifs :

A. Établissement d'un massif en terre et pierres.

B. Les blocs, qui doivent servir de soutien, sont dressés et appuyés contre le massif.

C. Etablissement d'un plan incliné en terre et pierres pour mener au massif.

D. La table supérieure, placée sur rouleaux, est montée sur le massif, par le moyen du plan incliné.

E. La table, une fois en place, on démolit le plan incliné et le massif.

Les gros blocs erratiques; les cuvettes ou écuelles.

A. Rencontres des blocs.

B. Examen de la partie supérieure.

C. Remarque de parties creuses formant des sortes de cuvettes naturelles.

D. Les cuvettes forment des petits réservoirs pour l'eau de pluie.

E. Utilisation de cette eau du ciel pour certains rites.

F. Nettoyage des cuvettes.

G. Egalisage des aspérités pour faciliter le nettoyage (en frappant à petits coups avec un silex arrondi).

H. Polissage de plus en plus parfait à l'eau et au sable.

I. Utilisation de toutes les excavations, petites ou grandes.

Association avec le culte des oiseaux.

a) Les oiseaux viennent naturellement boire dans les cuvettes.

b) Les gardiens du bloc ont soin de toujours tenir les cuvettes remplies d'eau pour y attirer les oiseaux.

c) Mise de nourriture, fruits ou graines, dans les cuvettes de petites dimensions.

PIERRES TOMBALES ET CULTE DES MORTS.

Ichtyophages sédentaires établis sur les bords de la mer.

1° Nécessité de se débarrasser des cadavres.

2° Mise dans des trous naturels.

3° A défaut de trous naturels, creusage, *par esprit d'imitation*, de trous artificiels.

4° Les corps sont recouverts de terre pour se mettre à l'abri de l'odeur de putréfaction.

5° Les bêtes fauves viennent déterrer les cadavres.

6° Les tombes sont recouvertes de grosses pierres pour empêcher les fauves de venir déterrer les cadavres.

Origine du culte des morts.

Ce culte ne peut avoir pour origine qu'une *prévoyance individuelle et personnelle de l'homme pour assurer la protection ultérieure de son propre corps après sa mort*.

Comme je le démontre dans mon étude (encore inédite) de l'« *Etat vivant* », l'altruisme maternel (amour maternel) est un héritage paternel, et ce sentiment avait été acquis par le mâle, à la suite de la recherche de l'état de « *bien-être* » produit par « *l'odeur de prédilection* »; ce sentiment s'est fixé, d'abord chez le mâle, ensuite chez la femelle, pour la raison qu'il produisait des résultats très avantageux pour la descendance.

Le culte des morts ne peut produire *aucun résultat avantageux*, ni pour l'individu, ni pour la descendance, ni pour la société; il ne peut donc avoir été déterminé que par association d'idées avec une *satisfaction individuelle reportée sur autrui*.

Il en résulte que le culte des morts, c'est-à-dire le culte des corps d'autrui, a dû être précédé, pendant une très longue période, par le culte de l'individu lui-même pour son propre corps dont il s'efforçait, pendant sa vie, d'assurer la conservation pour après sa mort.

Si le soin de l'enterrement des morts avait été laissé aux survivants, surtout aux époques primitives où l'égotisme était de règle, la construction des tombes se serait trouvée réduite aux éléments strictement nécessaires, pour que les vivants ne se trouvent point incommodés par les restes des décédés.

Mais si, au contraire, l'intéressé lui-même s'occupait pendant sa vie de sa dernière demeure, il avait tout le temps nécessaire; et si, par sa position, il se trouvait à même d'employer la main-d'œuvre d'autrui, comme c'était le cas pour les chefs, il pouvait arriver facilement aux importantes constructions qui font encore notre admiration.

D'autre part, le désir de faire mieux qu'autrui devait stimuler l'ardeur des différents chefs de clan qui se trouvaient en contact, et explique l'importance donnée à ces constructions.

Cette question des dolmens et des cromlechs est une des plus importantes de l'archéologie, car elle nous indique tout de suite le genre de vie des peuples auxquels ils appartiennent.

Les nomades se trouvent éliminés, car leurs pérégrinations continuelles les mettaient dans l'impossibilité d'assurer de cette façon la conservation de leurs dépouilles mortelles; du reste, l'horreur de la construction en pierre est la caractéristique des nomades, qui même refusent de l'employer pour leur demeure sur la terre.

Quant aux sédentaires, la position géographique des dolmens et des cromlechs nous indique d'une façon très nette qu'ils appartenaient aux groupes que nous avons classés sous le nom d'Ichtyophages; aussi pouvons-nous attribuer, sans crainte de nous tromper, toute cette série de constructions funéraires aux populations ichtyophages qui, par deux fois, sont venues former des foyers de multiplication sur les côtes de l'Atlantique et de la mer du Nord.

Les premiers foyers de multiplication appartiennent, d'après notre classification, à la race ibérienne et les seconds à la race blanche.

Nous admettons que ces deux races sont celles auxquelles appartiennent toutes les constructions connues sous les noms de dolmens, monolithes, cromlechs, etc., en ce qui regarde l'Europe, l'Asie et l'Afrique, et ces sortes de constructions nous ont laissé les traces de leurs migrations.

QUATRIÈME ÉTUDE

La circoncision. — Les maladies ethniques.

Quelques auteurs ont voulu considérer la circoncision comme une mesure d'hygiène préventive; il y a là un anachronisme psychologique, et ce serait faire preuve d'une bien piètre connaissance du degré de développement intellectuel de la race berbère de l'époque, ainsi que de ses diathèses psychiques, que de vouloir lui attribuer une pareille conception.

Les versets 12 et 13 du dix-septième chapitre de la Bible indiquent, du reste, *avec une précision mathématique*, le but et l'objet de la circoncision.

Je cite d'après la traduction d'Halévy (tome I, page 36).

Verset 12. — Tout mâle d'entre vous qui sera âgé de huit jours sera circoncis dans toutes vos générations, qu'il soit né dans votre maison ou *acquis à prix d'argent* de tout étranger qui n'est pas de la race.

Verset 13. — Aussi bien celui qui est né dans la maison que celui qui a été *acquis à prix d'argent* doivent se circoncire.

Verset 23. — Abraham prit son fils Ismaël avec tous ceux qui étaient nés dans sa maison et ceux qui avaient été *achetés avec de l'argent, tous les mâles* parmi les gens de la maison d'Abraham et coupa la chair de leur prépuce.

Le rédacteur revient à trois fois pour insister sur le fait que l'homme *acquis à prix d'argent*, c'est-à-dire l'*esclave*, doit être circoncis, quelle que soit la race à laquelle il appartient, race berbère, race nègre, race égyptienne, etc.

La circoncision n'est donc pas une marque de race mais une *marque de propriété*; la circoncision indique la propriété humaine de la même façon que la marque au fer rouge indique la propriété du bétail et c'est, du reste, l'habitude de la marque du bétail qui a donné naissance à la circoncision.

Il faudrait être affecté d'une dose prodigieuse de mauvaise foi pour ne pas reconnaître que la circoncision étant rendue obligatoire pour l'esclave *acquis à prix d'argent,* il est formellement impossible de la considérer comme une marque destinée à certifier une origine ethnique.

Du moment que la marque doit être apposée sur ce qui a été *acquis à prix d'argent,* indépendamment de la question de race, la marque ne peut être qu'une *marque de propriété.* Désormais, tout ce qui appartiendra aux descendants d'Abraham doit être *marqué,* et la *marque* sera l'ablation du prépuce.

Certains exégètes ont voulu prétendre que l'expression « *acquis à prix d'argent* » s'appliquait à l'épouse, vu que l'habitude des pasteurs nomades était d'acquérir leurs femmes *à prix d'argent,* mais cette explication est doublement fautive, car le texte est explicite et porte les mots « *tous mâles* » et, en second lieu, les dames manquent de la partie nécessaire à l'opération.

Ce n'est que plus tard, avec Moïse, que la circoncision devient une *marque nationale*; Moïse n'a certes pas inventé la circoncision, car cette coutume avait été adoptée, déjà depuis longtemps, par une infinité de familles et de tribus berbères, pasteurs nomades qui ignoraient jusqu'au nom d'Abraham; mais Moïse a appliqué la circoncision pour en faire un « *Bertillonage* » qui venait servir d'équivalent à « *l'état civil* ».

Moïse avait à former une nation avec un mélange d'individus de races différentes et, pour *unifier* cette masse d'éléments ethniques disparates, pour lui donner du corps, pour la *nationaliser*, il lui impose pour « *état civil* » une marque distinctive prise parmi celles en usage dans l'élément ethnique qui formait la majorité du groupement.

L'histoire d'Abraham a été imaginée longtemps après la mort de Moïse, pour rattacher le peuple juif à la famille d'Héber.

Quant à la nature de la marque et à la raison de son choix, elles sont faciles à saisir ; il y avait des inconvénients graves, en ces époques de troubles continuels, à ce que la marque *fût apparente*, car il était souvent nécessaire à l'homme de *dissimuler* le groupe auquel il appartenait.

Il fallait donc que la marque se trouvât placée sur la partie *la plus cachée* de l'individu et la localisation de la circoncision satisfaisait bien à cette nécessité, d'autant plus que pour satisfaire certains besoins naturels fréquents, les pasteurs nomades de race berbère ont l'habitude invétérée, depuis une époque extrêmement reculée, de prendre la position accroupie, habituelle aux femmes de nos pays, et *jamais* la position «*debout*», position dans laquelle la marque de la circoncision *pourrait être vue*.

Quand les marques ont pour objet un motif purement ethnique, elles sont généralement, on pourrait même dire toujours, très apparentes ; ainsi dans la race « *Bambara* » de l'Interland sénégalais, la marque de race pure est obtenue par trois incisions verticales faites sur la figure, et les Bambaras qui possèdent cette marque en sont extrêmement fiers.

Pour la circoncision, il serait parfaitement possible qu'à l'origine elle ait été réservée spécialement aux individus acquis à prix d'argent, c'est-à-dire aux esclaves, et ce ne serait que beaucoup plus tard qu'elle aurait passé à la maison tout entière.

LES MALADIES ETHNIQUES.

Il existe trois grandes maladies ethniques :

La variole ;

La lèpre ;

La syphilis.

Ces trois grandes maladies ont passé des animaux
domestiques aux races qui les utilisaient pour leurs
besoins journaliers.

Le germe ancestral de la variole s'est développé chez
la vache, puis il a passé chez l'homme où il s'est accli-
maté en produisant la variole ; aussi, cette terrible maladie appartient en propre à la race qui possédait la vache
comme animal domestique, et elle a été, par cette race,
dispersée par le monde, où elle était inconnue, partout
où la vache l'était aussi.

Le germe ancestral de la lèpre s'est développé dans le
chameau. Aussi cette répugnante maladie est-elle l'apa-
nage des pasteurs nomades qui possédaient les camélidés
parmi leurs troupeaux.

C'est à la suite des Croisades que s'établirent, entre les
races blanches et berbères, les contacts qui devaient
répandre dans toute l'Europe ce redoutable fléau.

Le germe ancestral de la syphilis s'est développé
chez le lama et l'alpaca, camélidés d'Amérique, et
l'avarie appartient en propre à la race rouge des Incas,
qui utilisaient le lama comme principal animal domestique.

L'immortel Jenner, qui, par sa découverte de la vaccine, a sauvé plus de vies que n'en ont coûté les guerres
les plus meurtrières, a trouvé son remède là où l'avait
placé la nature, soit dans le sérum qui avait servi de
milieu de culture au *germe ancestral*.

Pour qu'il y ait « *vaccine* » dans le vrai sens du mot,
il faut que la maladie, par elle-même, confère l'immunité, car le procédé jennérien consiste à donner une
maladie atténuée et à créer ainsi une immunité artificielle subséquente.

Dans les maladies qui n'immunisent pas, il n'y a pas
de vaccination possible ; ainsi, pour la tuberculose pulmonaire, où une première atteinte facilite, au lieu d'empêcher, une atteinte subséquente, il est parfaitement

absurde d'aller chercher une *vaccine*, et cette recherche ne convient qu'aux ignorants et aux charlatans.

Pour la syphilis, où il y a immunisation par une première atteinte, la vaccine existe, mais il faut aller la chercher, comme pour la variole, là où l'a placée la nature, soit dans le sérum qui a servi d'habitat au *germe ancêtre*, c'est-à-dire chez les camélidés d'Amérique.

En cherchant chez le singe le vaccin de la syphilis, les professeurs du laboratoire de la rue d'Ulm n'ont pas montré une bien grande perspicacité ni fait grand honneur à leur illustre fondateur; aussi les résultats furent-ils tout à fait négatifs, et les malheureux singes, qui n'en pouvaient mais, ont payé de leur vie un manque de réflexion qu'il aurait dû être facile d'éviter, car ce n'était pas *chez les singes* que Jenner avait trouvé le vaccin de la variole.

Pour la lèpre, la question de savoir si la maladie immunise n'est pas encore tranchée, mais il est probable qu'un sérum préventif doit pouvoir être obtenu, le jour où on ira le chercher où il se trouve, soit dans le sang du chameau, ancienne patrie du *germe ancêtre*.

Il y a des siècles que la susceptibilité du lama pour la syphilis est connue en Bolivie. En France, on devrait aussi le savoir, car le fait a été publié dans le *Dictionnaire de Médecine* de DECHAMBRE; mais si cet ouvrage figure dans toutes les bibliothèques médicales, par contre, il n'est que bien peu souvent consulté; aussi, je pense presque publier de l'inédit en citant textuellement le passage :

« La syphilis est connue au Pérou et en Bolivie de tous les temps et les Indiens l'appellent « *huantibubo* » et « *chaca usu* » (maladie des os). *L'alpaca est susceptible d'être inoculé par cette maladie* et les anciennes lois péruviennes ne permettaient pas aux conducteurs de Llamas de se mettre en voyage sans être accompagnés de leurs femmes. »

L'article est signé par le « *Baron d'Ornellas* », savant médecin bolivien.

Note. — *Je dois la totalité des renseignements qui m'ont permis d'écrire la seconde partie de cette étude à un de mes amis, qui préfère que son nom ne soit pas cité.*

CINQUIÈME ÉTUDE

Les variations.

Considérons une masse M d'individus placés dans un ensemble de circonstances E.

Pour une raison absolument quelconque, ces circonstances viennent à changer, et cela à un tel point qu'une quantité Q d'individus ne peuvent les supporter et meurent.

La quantité $(M-Q)$ d'individus restants sont ceux qui se trouvaient pourvus d'une prédisposition latente les mettant à même, le moment venu, de résister au changement de circonstances survenues.

Alors, deux cas peuvent se présenter :

Premier cas. — Après le changement, les choses reviennent à l'état antérieur, la perturbation qui en était la cause ayant été passagère.

Deuxième cas. — Le changement persiste indéfiniment.

Dans le premier cas, au bout d'un certain temps, par suite de nouvelles naissances et d'effets d'hérédité ancestrale, la masse d'individus revient à l'état où elle se trouvait avant le changement, et si les mêmes changements de circonstances se présentaient à nouveau, ils produiraient les mêmes résultats que la première fois.

Il n'y a pas variation.

Dans le deuxième cas, au contraire, les nouvelles circonstances persistant, elles éliminent, au fur et à mesure des naissances, les individus qui ne possèdent pas les prédispositions nécessaires.

IL Y A VARIATION.

Maintenant, il n'est pas nécessaire, pour qu'il y ait variation, que les nouvelles circonstances persistent *indéfiniment*; il faut et il suffit qu'elles persistent un temps assez long pour que les retours ancestraux ne se produisent plus.

On dit alors que la VARIATION EST FIXÉE.

Ceci nous amène à considérer un *troisième cas*, celui dans lequel le changement dure un temps considérable, mais insuffisant pour que la variation soit absolument fixée; dans ce *troisième cas*, il y a retour partiel, par *rétrogradation*, à un état intermédiaire entre les deux états extrêmes.

Importance des variations.

L'importance de la variation dépend non seulement de là proportion, mais aussi du nombre des individus qui meurent à la suite du changement survenu.

Ceci résulte du fait que l'écart des prédispositions est en raison directe du nombre des individus considérés.

Il est évident, à priori, que si le groupe d'individus n'est que de dix à douze, l'écart des prédispositions sera bien moindre que si le groupe considéré était de dix à douze mille.

Prenons un exemple pour mieux faire saisir ce point spécial, qui offre une importance de premier ordre.

Considérons la taille : si nous prenons cent individus et si nous établissons la taille moyenne des *dix* plus grands, nous obtiendrons un chiffre bien moins élevé que si nous avions pris cent mille individus et calculé la taille moyenne des *dix* plus grands d'entre ces cent mille.

Il en résulte que, pour obtenir une très grande varia- tion, il faut d'abord que le changement de circonstances porte sur un nombre énorme d'individus et qu'ensuite le nombre des individus qui succombent soit, lui aussi, extrêmement grand.

Nous devrons aussi prévoir des cas d'éliminations successives portant soit sur un point général, soit sur tel ou tel point particulier.

Ainsi, par exemple, sur cent mille individus un premier changement peut faire disparaître tous les faibles d'une façon générale; puis les changements se spécifient et vont par exemple agir d'abord sur tous ceux qui sont trop sensibles aux variations de température et ainsi de suite.

Pour préciser, nous pourrons, après une élimination générale des faibles, considérer en particulier chaque organe ou chaque système d'organes, comme : le système gastro-intestinal, le système rénal, le système de la circulation, le système nerveux et le système général de formation des toxines et antitoxines.

Nous devrons surtout fixer une attention toute spéciale sur les changements de circonstances qui peuvent affecter la femelle pendant la durée de la gestation, comme, par exemple, les efforts musculaires des membres inférieurs, qui peuvent, en produisant des effets de compression sur le bassin, influer considérablement sur le développement ultérieur du fœtus.

De ces explications sommaires, mais précises et très clairement exposées, il résulte, tout d'abord, que le nombre des individus sur lesquels ont porté les changements de circonstances, causes déterminantes du passage de « Préhomo » à « Homo », a dû être extrêmement considérable; mais, d'un autre côté, malgré le grand nombre de recherches effectuées jusqu'à ces jours pour retrouver les traces de « Préhomo », c'est à peine si dans un ou deux cas ces recherches ont été couronnées de succès.

L'hypothèse « DU PASSAGE » devra donc expliquer la particularité du fait que, d'une part, le nombre des

« Préhomo » a été très considérable et que, de l'autre, on n'en retrouve aucune trace.

L'hypothèse devra aussi tenir compte du second fait que, les différences entre « Préhomo » et « Homo » étant très considérables, très considérables à leur tour devront être les changements de circonstances.

Causes des changements.

Nous les diviserons en : 1º Causes de changements brusques et temporaires ;

2º Causes de changements lents et permanents.

1º Changements brusques.

En ce qui les concerne, nous en sommes réduits, comme causes, aux phénomènes plutoniens, qui se passent en dessous de l'écorce solide de notre globe, et qui, pour posséder l'envergure nécessaire, correspondront aux disparitions de continents engloutis sous les eaux; mais, de ce côté, nous savons que ces phénomènes se sont produits et nous pouvons même les localiser; quant à les dater, la question est autrement difficile et si nous tenons à préciser, pour rendre l'hypothèse plus complète, nous devrons avoir recours à des coïncidences astronomiques qui pourraient, *à la rigueur*, avoir été la cause déterminante du phénomène.

Il y a intérêt à dater pour susciter deux séries de recherches; les recherches de ceux qui voudront prouver que l'hypothèse est mauvaise et les recherches de ceux qui voudront prouver qu'elle est bonne; de cette discussion pourra jaillir la lumière.

En principe, il faut soulever le plus de questions possible afin de faire naître le plus de travaux possible, et c'est ainsi seulement que la vraie science peut progresser; le système qui consiste à étouffer les points d'interrogation est avantageux pour les ignorants et les paresseux qui ne doivent la situation élevée qu'ils occupent qu'à l'intrigue, mais le système est fatal au progrès, qui ne se produit que par la discussion de « L'IMPOSSIBLE », CAR L'IMPOSSIBLE D'AUJOURD'HUI EST LA SCIENCE DE DEMAIN.

2º *Changements lents.*

Ils ne peuvent être dus qu'à des perturbations climatologiques, générales ou localisées, qui, elles-mêmes ne peuvent avoir pour causes que des variations dans les positions respectives des planètes par rapport au soleil et surtout aux variations de l'inclinaison de l'axe de rotation de la terre sur le plan de l'écliptique, cause immédiate des saisons.

N'ayant pas la place d'entrer ici dans des détails, je renvoie aux ouvrages spéciaux en signalant, toutefois, un excellent article de la revue scientifique.

J'appellerai, toutefois, l'attention sur les points suivants :

A. — Dans les phénomènes plutoniens, nous avons deux forces en présence, deux forces essentiellement antagoniques, l'une, la pression gazeuse, dont l'action est interne-externe ou expansive, qui travaille du centre vers la périphérie, l'autre, la gravité, qui travaille de la périphérie vers le centre. Quand la pression l'emporte sur la gravité, l'équilibre n'est plus maintenu que par la « *cohésion de l'écorce* » et alors il suffit de la moindre des choses pour déterminer la rupture d'équilibre qui cause le cataclysme.

B. — Le phénomène plutonien peut servir à *amorcer* un phénomène de changement climatologique plus ou moins durable, et avoir pour point de départ une coïncidence astronomique.

C. — Influence des soulèvements du fond des mers sur la direction des courants sous-marins; importance qu'aurait un changement de direction du « golf-stream » sur le climat du nord-ouest de l'Europe.

D. — Les phénomènes sont toujours localisés et produisent des effets réflexes éloignés.

E. — Par suite du refroidissement graduel de la terre qui renforce la croûte, *les mêmes causes revenant périodiquement* produiront des effets de moins en moins importants jusqu'au moment où ils n'en produiront *plus du tout*.

Les variations de circonstances.

Les variations de circonstances pouvant affecter « *Préhomo* » peuvent se classer en :

I. — *Changement dans la nature de l'alimentation.*

Passage de la nourriture végétale à la nourriture ichtyophagique; cette dernière caractérisée, avant tout, par l'*hyperchloruration* et l'*hyperphosphatisation*. Son importance sur le développement du fœtus.

II. — *Changement de température.*

Passage d'un habitat tropical à un habitat boréal, ce dernier artificiellement produit, à une latitude plus basse, par une période glaciaire localisée, plus ou moins longue. Importance sur la formation du tissu adipeux comme défense, étant donnée une nourriture ichtyophagique abondante.

Influence du froid sur le ralentissement de la circulation à certaines extrémités.

La queue peut, comme chez certains moutons, évoluer en tissu adipeux en diminuant de longueur, ou disparaître complètement.

III. — *Changements dans la manière de vivre.*

A. — Les mouvements musculaires ; diminution du travail des membres inférieurs; tendance au redressement du corps, surtout de la première à la deuxième année; ce ne sont pas les parents mais les enfants, dès le premier âge, qui font l'apprentissage de la marche debout qui leur est infiniment plus facile qu'à leurs parents, étant donnée la place qu'occupe chez eux le centre de gravité.

B. — La position prise pendant le sommeil a une très grosse importance; dans la position horizontale, il y a repos complet et détente musculaire; au contraire, dans la position accroupie il y a tension abdominale et si « Préhomo » dort sur les arbres, il y a nécessité de contractions musculaires inconscientes pour maintenir l'équilibre.

Mais c'est surtout pour la femme, pendant les derniers mois de la gestation, que la position prise pendant le sommeil acquiert son maximum d'importance en ce qui regarde le développement de l'enfant.

On peut remarquer que :

   I. — La présentation cranienne est la règle générale.

   II. — La matière du crâne de l'enfant, pendant le dernier mois, est extrêmement plastique.

   III. — La forme du crâne à la naissance va dépendre des pressions supportées pendant les dernières semaines de vie fœtale.

C. — Importance de la suppression des efforts pour grimper aux arbres, surtout pour la femelle, pendant les derniers jours de la gestation.

IV. — *Evolution psychique.*

Le changement brusque dans les habitudes nécessite une intervention plus considérable de l'intelligence et fait disparaître les non-prédisposés.

La vie par couple isolé est remplacée par la vie en commun, dans les grottes ou les caves naturelles, seuls abris qu'a pu trouver « Préhomo » pendant la période glaciaire.

Importance du développement de l'esprit d'imitation dans la vie en commun; possibilité par la masse de profiter des inventions individuelles dues au hasard.

Exemple : « Préhomo », dans le premier habitat, utilise la mousse et les feuilles sèches ; une association d'idées se produit chez *un* individu entre la mousse, les feuilles et le *varech* ; la masse, par esprit d'imitation, profite de l'heureuse idée *d'un seul* : après peu de temps, les grottes et les caves se remplissent de « *varech* ».

A force de tripoter, *au hasard*, avec le « *varech* » *un individu* arrive, *par hasard*, à un *premier* enchevêtrement qui formera le *premier* essai vers ce que, plus tard, deviendra un tissu ; *la masse des individus* en profite, etc.

TROISIÈME PARTIE

LA GRANDE HYPOTHÈSE

PREMIÈRE ÉTUDE

Les bases de la grande hypothèse.

Pour rendre des services à la science, une hypothèse générale doit être appuyée sur des bases *immuables*, bases qui doivent être considérées comme *intangibles*.

Les systèmes employés en physique et en chimie, systèmes qui consistent à surajouter continuellement hypothèses sur hypothèses, avec un mépris superbe des contradictions, forment un fort bel exemple du gâchis colossal auquel peut aboutir cette façon de procéder.

Par contre, l'ossature de l'hypothèse doit être suffisamment élastique pour permettre à toutes les nouvelles découvertes de venir prendre place, sans qu'il soit nécessaire de rien changer aux bases elles-mêmes.

La grande hypothèse peut se résumer en quelques mots :

I. — Il s'est trouvé, à un moment donné, un continent isolé qui était venu former la partie d'élection des *Préhomos* ;

II. — Il s'est produit un cataclysme, suivi d'un changement durable dans les conditions climatologiques;

III. — Le passage de « *Préhomo* » à « *Homo* » est dû à ce changement de circonstances.

On peut considérer comme établi que, à un moment donné, les mêmes espèces se trouvaient répandues sur toute la terre; puis, qu'à la suite de cataclysmes, certaines espèces ont disparu; les circonstances climatologiques venant à changer, des espèces ont évolué, les communications se sont trouvées coupées, et à notre époque nous pouvons vérifier que certaines espèces se trouvent localisées dans certains pays, à l'exclusion des autres.

L'Océanie, par exemple, est la patrie des marsupiaux; sur cent trente et une espèces de quadrupèdes australiens, cent deux appartiennent à la famille marsupiale, tandis que, dans l'ancien monde, on ne rencontre qu'un seul représentant de cette famille.

En Amérique, on rencontre certaines espèces qui constituent comme les répliques réduites de celles qui se trouvent dans les autres parties du monde; aussi, le chameau est remplacé par le Llama, le lion par le puma, le tigre par le jaguar, l'éléphant par le tapir, l'autruche par le nandou, etc., etc.

Nous ne faisons donc pas une hypothèse ridicule en supposant qu'un continent, postérieurement isolé, ait pu venir constituer la patrie de l'espèce « *Préhomo* », et que cette espèce, y trouvant des circonstances favorables, s'y soit développée dans d'excellentes conditions.

D'autre part, nous avons pu reconnaître l'existence d'anciens continents disparus, et, pour trois d'entre eux, les preuves paraissent bien établies.

I. — La Lémurie, qui doit son nom à Heckel et se trouvait placée au sud des Indes, entre Madagascar, Ceylan et Java.

II. — Un continent Pacifique, dont il ne reste plus, aujourd'hui, qu'une multitude infinie de petites îles.

III. — La fameuse Atlantide, jadis considérée comme une invention de Platon, et à laquelle droit de cité était conféré le 30 novembre 1912, par Pierre Termier, de l'Académie des Sciences, dans une conférence reproduite par la *Revue scientifique* (11 janvier 1913).

A propos de l'Atlantide, on ne saurait trop insister sur

la particularité des trois lettres en succession A T L, succession de lettres qui constitue la caractéristique du nom.

Ces trois lettres A, T, L, en succession, ne se trouvent dans aucune langue européenne; on peut parcourir, par exemple, un dictionnaire français, de A jusqu'à Z, sans trouver, dans aucun mot, ces trois lettres en succession, à l'exception, bien entendu, des mots atlantique, atlas et ceux qui en dérivent.

Tout au contraire, dans une des langues de l'Amérique centrale, le *Nahuatl*, on rencontre ces trois lettres A, T, L en succession dans près d'un mot sur trois, tellement qu'on pourrait, avec raison, appeler le « *Nahuatl* », la langue des *Atl*.

D'autre part, en *Nahuatl*, « *Atl* » veut dire « *eau* ».

Cette réunion de faits ne peut être due à une coïncidence et l'on peut considérer comme certain que les Nahuatls ont eu les Atlantes pour ancêtres.

Pour en revenir à notre hypothèse, nous sommes donc en droit d'utiliser la disparition de ces trois continents, puisqu'ils ont effectivement disparu, en laissant des traces.

Pour les changements climatologiques, les périodes glaciaires ont laissé de leur passage des traces tellement patentes qu'elles s'imposent à nous comme causes des changements de conditions qui, dans la grande hypothèse, déterminent les passages d'une espèce à une autre.

Dans la grande hypothèse, nous faisons coïncider les cataclysmes avec le commencement des périodes glaciaires, de telle sorte que nous devons donner une même cause initiale aux deux phénomènes.

Les saisons sont le résultat du fait que l'axe de rotation de la terre se trouve incliné sur le plan de l'écliptique, et nous rencontrons deux causes de variations pour les saisons :

1° La précession des équinoxes;

2° La variation séculaire et continue à l'angle d'incli-

naison de l'axe de rotation de la terre sur le plan de l'écliptique.

Il est donc aussi naturel que logique de chercher les causes, dont nous avons besoin, dans les coïncidences de la longitude du périgée avec les solstices.

D'autre part, dans la grande hypothèse, nous faisons jouer un rôle à trois cataclysmes successifs, soit à la disparition de trois continents : la Lémurie, le continent Pacifique et l'Atlantide; nous avons donc besoin de *périodes* astronomiques correspondantes qui reviennent *périodiquement* et produisent *périodiquement* les mêmes phénomènes.

Quant à l'intensité de « *l'effet causatif* », nous savons qu'il peut se réduire à fort peu de chose, quand il s'agit d'une « *rupture d'équilibre* »; dans ce dernier cas, les résultats ne sont pas proportionnels à la cause, car si l'équilibre est à son « *dernier degré d'instabilité* », une force infiniment petite peut produire un effet infiniment grand.

La cause astronomique fait partie des bases de la grande hypothèse, mais les coïncidences sont facultatives, aussi les dates pourront varier et se trouver ainsi, en quelque sorte, à la disposition des preuves scientifiques, d'ordre géologique, qui pourront être découvertes.

Pour présenter la grande hypothèse, nous avons dû fixer des dates, mais, je le répète, ces dates ne sont ni *immuables* ni *intangibles*.

Nous avons pris comme point de départ la disparition de l'Atlantide et comme la tradition égyptienne, rapportée par Platon, donne, plus ou moins, 9,000 ans avant notre ère, nous avons fixé cette date par la coïncidence de la longitude du périgée avec le solstice d'été; d'autre part, pour donner des chiffres ronds, nous avons compté à 21,000 ans la grande période solaire.

Cette date une fois fixée comme point de repère, il suffit de remonter d'une période pour fixer la disparition du continent Pacifique, puis d'une autre pour avoir la date de la disparition de la Lémurie.

Nous aboutissons aux dates suivantes :

Avant notre ère.

Disparition de la Lémurie . . . 51,250 ans.
» du continent Pacifique 30,250 »
» de l'Atlantide . . . 9,250 »

Mais, bien entendu, si des preuves géologiques sérieuses viennent démontrer que ces dates sont, ou trop éloignées ou trop rapprochées, il est loisible d'avoir recours à d'autres coïncidences sans pour cela toucher aux bases de la grande hypothèse.

Nous savons que, sans variations brusques, nous ne pouvons obtenir des passages d'une espèce A à une espèce B; mais nous savons aussi que, pour passer d'une espèce A à une espèce B, la nature peut procéder par *bonds successifs* soit par répétition des mêmes circonstances, auxquelles nous donnons le nom de « *circonstances déterminantes* ».

Voici le processus qui forme la base de la grande hypothèse.

I. — Premières « *circonstances déterminantes* » causées par la disparition de la Lémurie en l'an 51250 avant notre ère.

Résultat : Passage de « *Préhomo* » à « *Homo primus* ».

La période de l' « *Homo primus* » dure 21,000 ans et « *Homo primus* » se disperse sur toute la surface de la terre.

Partout où « *Homo primus* » retrouve les conditions climatologiques primitives, soit celles qui régnaient dans la « *Lémurie* », « *Homo primus* » rétrograde partiellement, par suite de retours ancestraux, pour cause *d'insuffisance de fixation*.

Nous obtenons alors : « *Homo primus retrogradus* »
qui vient fonder et constituer la race négroïde que nous
rencontrons, en effet, dispersée sur toute la surface de
notre globe aux endroits où la température moyenne vient
rappeler celle de l'habitat primitif de « Préhomo ».

II. — Second cataclysme. — Disparition du continent
Pacifique — période glaciaire ; soit recommencement
en l'an 30250, de ce qui s'était produit en l'an 51250 ;
avec production des mêmes « *circonstances déterminantes* ».

« *Homo primus retrogradus* » localisé sous les tropiques ou, plus exactement dans les pays chauds, qui à
l'époque s'étendaient bien plus près des pôles, n'est pas
touché par la seconde période glaciaire et reste sans
varier, tout au contraire l'espèce *se fixe* de plus en plus ;
ceux qui se trouvaient établis sur le continent Pacifique
disparaissent avec lui.

« *Homo primus* » qui englobait ceux qui, par suite
de prédispositions, avaient préféré continuer à vivre dans
des conditions plus rapprochées de celles du « *passage* »,
se trouvait répandu sur tout le nord, Europe, Asie et
Amérique.

« *Homo primus* » surpris par la seconde période glaciaire disparaît presque complètement ; seuls peuvent
résister quelques groupes privilégiés qui se retrouvent
alors dans les mêmes conditions que leurs ancêtres, les
Préhomos, pendant la première période glaciaire.

Je considère trois groupes :

> Un groupe asiatique.
> Un groupe européen.
> Un groupe américain.

Ces trois groupes reçoivent pour la seconde fois le
« *baptême du froid* » et gravissent un nouveau degré, par
répétition des « *conditions déterminantes* ».

A la fin de la seconde période glaciaire, nous considérons :

« *Homo primus retrogradus* » qui n'a pas bougé = race négroïde.

« *Homo secundus* »
{ Asiaticus = race jaune.
Americanus = race rouge.
Europeanus = race berbère.

Cette seconde période dure, comme la première, 21,000 années.

III.— Troisième cataclysme. — Disparition de l'Atlantide, la période glaciaire subséquente, très limitée, est localisée dans l'Hyperborée et le nord de l'Europe.

La troisième période glaciaire ne porte que sur un *seul* groupe d'« *Homo secundus* », le groupe européen, race berbère qui s'est trouvée emprisonnée dans les terres d'Hyperborée, nord-ouest d'Europe.

Ce groupe est le *seul* à recevoir le troisième « *baptême du froid* »; à la fin de cette troisième période glaciaire localisée à l'Hyperborée, « *Homo tertius* » est définitivement constitué; c'est l'homme de « *race blanche* », triplement baptisé par le froid, qui gravit le troisième échelon pendant que le reste de l'humanité reste sans varier.

A la fin de la troisième période glaciaire, époque actuelle, troisième âge, nous avons à considérer :

« *Homo primus retrogradus* » = races nègres.

« *Homo secundus* »
{ Europeanus = races berbères.
Americanus = races rouges.
Asiaticus = races jaunes.

« *Homo tertius* » = race blanche.

En plus, une infinité de mélanges résultant des croisements entre toutes ces races.

A mesure que l'écorce terrestre se refroidit, les cataclysmes doivent tendre à diminuer d'importance et les périodes glaciaires *non amorcées* par d'effroyables tombées de neige, prennent, elles aussi, une importance de moins en moins considérable.

Le système a des analogies avec l'« *histoire des soleils* » où surnage comme le souvenir d'une quadruple création successive, correspondante aux quatre saisons d'une grande année solaire; aussi, je pense que le déchiffrement des vieux documents de l'Amérique centrale devra nous réserver de bien belles surprises, à condition de ne pas tomber, pour leur traduction, sur des descendants ou des élèves des fameux « *Septante* » de la Bible.

Il est curieux de noter que, si nous avons pu relever les traces positives de la disparition de trois continents d'une énorme étendue (et sans doute, en cherchant bien, en trouverions-nous d'autres encore). Nous n'avons jamais relevé les traces de l'apparition d'un nouveau continent; nous voyons bien réapparaître quelques îles, nous constatons des formations coralliennes, des surélévations de continents déjà existants et surtout des formations, par soulèvement, des grands massifs montagneux, mais jamais l'apparition d'un nouveau continent venant remplacer un disparu.

Si nous généralisons, nous aboutissons, pour les temps primordiaux, non pas à une mer immense recouvrant toute la terre, mais bien, au contraire, à une terre immense et très plate, parsemée de toutes parts d'une multitude de lacs et de petites mers intérieures d'une très grande profondeur. Il est certain que le « *boursouflage* » de la croûte terrestre, qui s'est produit pendant la période de condensation des vapeurs de l'atmosphère, est beaucoup plus considérable qu'on ne le suppose généralement et nous pouvons envisager comme possible, et même comme probable, la disparition finale de tous les continents et leur remplacement par l'immensité d'une mer unique. Quoi qu'il en soit, la dispersion générale d'« *Homo primus* » sur tous les points du globe, dispersion qu'impose la nécessité de l'unité d'origine, implique, par cela même, des chemins de communications.

« *Homo primus* » formé sur les côtes orientales d'Asie a dû pouvoir gagner l'Amérique, aussi bien que l'Australie, puisque nous le retrouvons sur ces deux points.

DEUXIÈME ÉTUDE

La grande hypothèse.

PREMIÈRE PÉRIODE.

A. *Le point de départ.*

« *Préhomo* » avait trouvé dans la Lémurie des conditions exceptionnellement favorables ; ce continent, aujourd'hui disparu, s'approchait vers l'ouest de Madagascar, vers le nord de Ceylan et touchait à l'est à l'île de Java qui devait, à cette époque, servir de communication avec la presqu'île Cochinchinoise.

La Lémurie était donc venue former la vraie patrie des « *Préhomos* », comme l'Australie avait formé celle des grands Marsupiaux ; mais les conditions si favorables au genre de vie des *Préhomos* ne pouvaient qu'augmenter leur nombre sans jamais pouvoir faire varier leur espèce ; ils restaient sans varier, car ces conditions favorables les maintenaient tout au contraire dans le « *statu quo* » en augmentant la fixité de leur espèce.

Pour leur permettre de franchir la distance qui les séparait de la nouvelle espèce à laquelle ils allaient donner naissance, il fallait que par un brusque changement, par un bouleversement complet, toutes les circonstances vinssent à changer pour ne laisser subsister que les quelques couples qui allaient servir d'ancêtres à l'humanité tout entière.

Le cataclysme se produisit de l'ouest à l'est, déterminant une migration vers l'ouest des troupes affolées de « *Préhomos* », et pendant cette fuite une première sélection se produisit par la disparition des faibles.

Vers la fin du cataclysme, les troupes restantes remontaient au nord à travers la presqu'île Cochinchinoise, sans jamais s'arrêter.

Quelques groupes purent rester à Java et Bornéo, y végéter pendant quelque temps, puis y disparaître, ou peut-être se croiser avec quelques espèces très voisines et évoluer vers les types que nous y retrouvons encore de nos jours.

La Lémurie ayant été engloutie et les émigrants du nord ayant été le point de départ de l'évolution, ce ne serait qu'à Java ou à Bornéo qu'il serait possible de trouver les restes du « *Préhomo* », dernier stade de l'évolution vers l'humanité.

B. *Le passage.*

Les troupes affolées, qui se dirigeaient vers le nord, se seraient trouvées surprises par la période glaciaire, *amorcée par le cataclysme*, sur les côtes orientales de ce qui était alors la Chine et c'est là qu'aurait eu lieu le PASSAGE.

Transis de froid, à moitié ensevelis sous la neige qui ne s'arrêtait pas de tomber, ne trouvant plus pour nourriture que les coquillages qu'ils ramassaient sur les bords de la mer, réfugiés dans des grottes ou des cavernes, les quatre-vingt-dix-neuf centièmes des « *Préhomos* » durent mourir peu à peu de froid et de misère, mais quelques couples spécialement adaptés et favorisés, quelques mères pleines purent résister et, s'acclimatant peu à peu, devenir ainsi les ancêtres de l'humanité tout entière.

Étant donné que le passage du « *Préhomo* » à « *Homo* » s'impose comme une *nécessité scientifique*, je ne crois pas qu'il soit possible de rassembler un concours de circonstances qui répondent mieux aux nécessités du problème.

C. *La dispersion*.

Une fois la race acclimatée, la nourriture restant abondante, les « *Préhomos* » en pleine période de transition et de transformation se trouvaient dans des conditions idéales pour leur multiplication, et leur nombre devait croître de façon merveilleuse.

Il se produisait déjà, en pleine période glaciaire, une expansion le long des côtes, et il se formait des groupes sédentaires partout où se rencontraient des abris naturels.

A la fin de la période glaciaire, qui put être extrêmement longue, le nombre d'« *Homo primus* » se trouvait déjà très élevé.

La dispersion ne put se produire que le long des côtes, car c'était le seul chemin où la nourriture était assurée ; ce ne fut que bien plus tard que les émigrants vers le sud, se rapprochant de l'habitat primitif, purent ajouter des fruits sauvages à leur nourriture, dont la base devait rester ichtyophagique pendant une très longue durée.

Les fleuves servirent ensuite de chemin de pénétration vers l'intérieur des terres, et les rivages des grands lacs durent se couvrir de colonies naissantes.

Ce fut probablement pendant la remontée des fleuves, quand, pour une raison ou une autre, l'alimentation ichtyophagique devenait plus difficile, que l'« *Homo primus* » devint chasseur et commença à faire entrer le gibier dans son alimentation.

Cette transition lui fut facilitée par le fait que les animaux devaient, pour boire, se rendre à certaines heures vers certains points du bord des fleuves ou des rivières.

D'autre part, la nécessité de la lutte contre les fauves, auxquels « *Homo primus* » devait servir de gibier, vient contribuer « *par esprit d'imitation* » à en faire un chasseur à son tour.

Ce fut alors que l'homme put quitter le bord des fleuves pour essayer de la vie de « *nomade chasseur* ».

Quoique l'homme, à la fin de la période glaciaire, pût déjà se servir de « *sons articulés* » pour *désigner* les choses, son langage était encore extrêmement rudimentaire et primitif et il lui était encore impossible de fixer par *tradition orale* le souvenir des choses qui s'étaient passées antérieurement.

« *Homo primus* » ne pouvait *connaître sa propre origine*, ni *reconnaître son ancien habitat*.

L'homme n'avait alors que le souvenir de sa propre vie, car il ne pouvait raconter à ses descendants les choses qui s'étaient passées de son temps, pour en fixer ainsi le souvenir ultérieur.

La dispersion se fit au hasard et sans idées préconçues, mais, par suite de prédispositions héréditaires, de sortes de diathèses, il dut s'établir deux sortes de « *prédilections* », en ce qui regarde la température; la première, d'origine ancestrale, portait les nouveaux hommes vers les climats chauds; la seconde, résultat de l'accoutumance, les portait vers les climats froids.

Ceux donc, chez lesquels prédominaient les tendances ancestrales, descendirent au sud et ceux, chez qui les sensations habituelles de la période glaciaire avaient produit comme une seconde nature remontèrent vers le nord.

Chez les premiers s'établit alors un commencement de rétrogradation avec tendance de retour vers le « *Préhomo* » tandis que chez les seconds les acquisitions qui les avaient transformés en « *Homo primus* » se fixaient chaque jour davantage.

Cette première période se trouve, par suite de sa fixation par coïncidences astronomiques, avoir duré 21,000 ans; il peut être intéressant d'établir quelques chiffres donnant le nombre des hommes à la fin de la période en fonction d'un indice moyen de multiplication.

Nous calculerons le résultat pour 1,000 individus pris à la fin de la période glaciaire.

En tablant sur des conditions détestables et en portant *au plus bas* l'indice de multiplication, soit à un pour mille et par an, la population se trouve doublée au bout de 1,000 ans.

Dans ces conditions, nous arrivons au bout de 21,000 ans au chiffre fantastique de un milliard d'individus.

Pour arriver au chiffre possible de 30 millions, il faut réduire l'indice à 1,400 ans au lieu de 1,000 ans.

Mais ces indices de multiplication sont dix fois trop faibles, aussi le résultat de nos calculs démontre-t-il que nous devons prévoir des quantités de cataclysmes locaux, détruisant d'un seul coup des quantités formidables d'individus.

Ces cataclysmes locaux ont dû souvent avoir pour résultat d'isoler des groupes et de les placer dans de nouvelles conditions spéciales qui pouvaient et devaient produire de légères variations dans les espèces.

A la fin de la première période, le monde est habité de toutes parts ; dans les parties chaudes, beaucoup plus considérables qu'à l'époque actuelle, « *Homo primus retrogradus* » soit les races nègres ; à l'extrême nord « *Homo primus* » avec répartition en trois groupes :

Le groupe asiatique ;

Le groupe américain ;

Le groupe européen.

DEUXIÈME PÉRIODE.

Le cataclysme qui signale le commencement de la seconde période est la disparition du continent Pacifique et la période glaciaire subséquente, période glaciaire qui s'étend au nord de l'Asie, de l'Amérique et de l'Europe.

Cette période glaciaire ne touche pas les pays habités par la race nègre d'une façon effective ; aussi, n'avons-nous à prévoir, en ce qui la concerne, qu'une série de grandes migrations dirigées vers les tropiques, migrations déterminées par l'abaissement général de la température, abaissement qui va réduire, *dans d'énormes proportions*, l'habitat futur de la race nègre pendant la deuxième période.

Quant à « *Homo primus* », localisé dans les pays du nord, comme il ne pouvait prévoir ce qui allait arriver, nous ne pouvons envisager aucune migration de sa part dirigée vers le sud, d'autant plus que la période glaciaire, nécessairement amorcée par d'effroyables chutes de neige, aurait rendu toute migration tout à fait impossible.

Les « *Homo primus* » ont dû périr de froid et de faim en quantités formidables; aussi, nous ne considérons que quelques groupes, plus spécialement favorisés, comme ayant pu résister. Ces hommes se sont trouvés placés dans les mêmes « *conditions déterminantes* » que leurs ancêtres les « *Préhomos* », deux cent dix siècles auparavant.

C'est cette répétition des conditions déterminantes que je qualifie de « *deuxième baptême du froid* », et ces mêmes conditions devaient produire les mêmes résultats; les groupes d' « *Homo primus* » soumis à ce deuxième baptême ont avancé d'un nouveau degré, ont gravi un nouvel échelon et passent alors à l'état d' « *Homo secundus* ».

Les variations de conditions avaient déjà eu le temps de produire des différences entre les groupes européens, asiatiques et américains, et la deuxième période glaciaire dut augmenter et achever la fixation de ces différences, par la reproduction des groupes, dans un état d'isolement absolu, pendant un temps très long.

Nous avons donc à examiner successivement l'évolution des trois groupes, le groupe américain, le groupe asiatique et le groupe européen.

1. — LE GROUPE AMÉRICAIN.

Ce groupe produit « *Homos secundus americanus* » et correspond à la race rouge; il a subi la période glaciaire et reçu le deuxième « *baptême du froid* » dans le nord de l'Amérique. La période glaciaire terminée, migrations du nord au sud *le long du bord de la mer*, à l'orient et à l'occident; remontée par les fleuves; peuplement des régions lacustres. A un moment donné, passage et peuplement des grandes terres de l'Atlantide.

Toutes les races rencontrent ordinairement, en un point donné, à un tournant de leur histoire, un ensemble de circonstances qui vient leur permettre de se développer brusquement, avec une intensité extraordinaire, puis d'arriver à l'apogée de leur puissance.

Comme exemple très historique de ces poussées, de ces développements brusques et mystérieux, on peut toujours citer ROME.

A un moment donné, Rome est un petit village entouré d'un groupe de paysans; quelques siècles plus tard, Rome est la capitale du monde; les travaux des Romains remplissent le monde, et maintenant encore, deux mille ans plus tard, nous retrouvons avec stupéfaction les traces de l'œuvre gigantesque depuis la Grande-Bretagne jusqu'au fond du Maroc, de la Tunisie et de l'Asie Mineure.

Il faut penser à ROME avant de traiter de fantastique l'œuvre des Atlantes, qui n'est pas l'œuvre d'un village et d'une tribu, mais l'œuvre de tout un peuple, de toute une race. C'est dans les grandes terres de l'Atlantide, favorisées par un climat particulièrement tempéré, dans un pays pourvu d'un développement de côtes énorme, que la race rouge a trouvé tous les éléments nécessaires pour lui permettre de remplir le rôle mondial qui lui était réservé.

Pendant la deuxième période nous n'avons qu'à signaler : Peuplement, développement, évolution maritime, colonisation.

Les Atlantes pénètrent dans la Méditerranée et établissent des colonies tout le long des côtes : ils naviguent dans la mer Rouge et fondent des colonies jusqu'au sud des Indes; ils colonisent l'Amérique centrale et les côtes du Pacifique.

Leur histoire européenne ne peut être analysée que pendant la troisième période.

II. — LE GROUPE ASIATIQUE.

« *Homo secundus asiaticus* » vient former la race jaune.

La race jaune est caractérisée, avant tout, par la recherche de la *permanence*; elle ne tend ni à émigrer, ni à coloniser ; il semble qu'influencée par le fait qu'elle occupe le « *Berceau de l'humanité* » et qu'elle a reçu deux fois sur le même point le « *baptême du froid* », elle reste attachée au sol par un lien mystérieux; aussi elle se contente de rayonner autour de son centre de formation en *augmentant de densité*; car la densité de la population est une autre caractéristique de la race jaune.

On peut signaler une poussée au sud dans la presqu'île Cochinchinoise; des croisements, dont sort la race malaise; une pénétration plus tardive au nord-est de l'Inde.

III. — LE GROUPE EUROPÉEN.

« *Homo secundus europeanus* » vient former la race berbère.

La race berbère se divise en trois groupes :

Un groupe asiatique;

Un groupe africain nord;

Un groupe européen, divisé lui-même en deux parties : la partie nord et la partie sud.

Le point de passage, c'est-à-dire le point géographique où fut reçu le deuxième « baptême du froid », reste indéterminé et peut être ultérieurement fixé.

Il peut se trouver placé sur les bords d'une mer intérieure ou même d'un grand lac; il est même loisible, sans toucher aux bases de l'hypothèse, de considérer deux points de passage pour le groupe européen qui produit la race berbère, et peut-être ce second système serait-il celui qui se rapproche le plus de la réalité, et c'est celui que nous adopterons.

Nous aurons alors, par exemple, un groupe « *Caspien* » recevant le « *deuxième baptême* » sur les bords de la mer Caspienne et venant former la souche et le berceau de la race berbère.

Nous prendrons comme deuxième point de passage le nord-ouest de la Gaule, ou même la Grande-Bretagne, ce second point venant former la souche de la race *ibérienne*.

D'autre part, comme la race ibérienne a pour point de départ un groupe d'« *Homo primus* », déjà différencié du groupe qui évolue au bord de la Caspienne, par la latitude de son habitat, nous pourrons considérer la race ibérienne comme se rapprochant déjà davantage de la future race blanche.

Sans être arrivé encore aux yeux bleus et aux cheveux blonds, la race ibérienne, en ce qui regarde la couleur de la peau, se rapprochera déjà sensiblement de la future race blanche à laquelle, après un « *troisième baptême du froid* », elle viendra donner naissance, à l'aube de la troisième période.

Au point de vue des langues, nous prendrons la langue basque pour la langue ibérienne, et pour la race berbère une langue berbère ancienne à reconstituer, langue formant ses féminins sexuels en T et donnant naissance à la branche assyrienne et à la branche berbère proprement dite.

Le berceau caspien donnera naissance au groupe principal qui comprendra cinq branches :

1° La branche sibérienne qui prend contact avec la race jaune et forme des croisements ;

2° La branche indienne nord qui prend contact avec les races négroïdes du sud ;

3° La branche arabo-syriaque ;

4° La branche africaine nord ;

5° La branche balkanique.

Le berceau ibérique viendra peupler la Grande-Bretatagne, l'Hyperborée, la Gaule, l'Helvétie, l'Italie et l'Espagne.

Le point caractéristique du groupe berbère sera le genre de vie qu'il a adopté et vers lequel devaient le porter ses prédispositions, soit de « Pasteurs nomades » qu'il a conservées fidèlement jusqu'à l'époque actuelle.

Le point caractéristique de la race ibérienne serait de former des foyers de multiplication de sédentaires ichtyophages tout le long des côtes.

Troisième période.

La troisième période commence avec la disparition de l'Atlantide, suivie d'une période glaciaire localisée au nord et au nord-ouest de l'Europe.

Nous étudierons, dans la prochaine étude, le rôle de la race rouge pendant la troisième période et réserverons pour la dernière étude la formation et la dispersion de la race blanche.

TROISIÈME ÉTUDE

La race rouge dans la troisième période.

Pendant la fin de la deuxième période, les Atlantes, nation commerciale et maritime par excellence, avaient fondé de nombreuses colonies sur toutes les rives de la Méditerranée et jusque dans la mer Rouge, mais ils s'étaient bien gardés de chercher à faire de la pénétration dans l'hiterland et leurs colonies étaient plutôt des établissements maritimes.

Ils vivaient donc en excellents rapports de voisinage avec les pasteurs nomades et leur rendaient, par voie

d'échanges, de nombreux services, sans jamais chercher à empiéter sur leurs terres.

Après la disparition de l'Atlantide, les établissements
des Atlantes se trouvèrent placés dans une situation
extrêmement périlleuse, car ils avaient perdu brusquement *tous leurs centres d'approvisionnement* et devaient,
désormais, *vivre sur le pays*, soit en concurrence avec les
habitants.

Ils durent alors chercher à concentrer leurs forces sur
différents points principaux afin de s'y créer de nouvelles
patries territoriales.

L'Égypte s'offrait tout d'abord à eux, car ce pays satis-
fait à toutes les conditions requises.

Tout d'abord le Nil offrait à leurs navires un chemin de
pénétration facile et, d'autre part, la vallée de ce fleuve,
avec ses crues périodiques, ne convenait guère aux pasteurs nomades et à leurs troupeaux et devait se trouver
partiellement inhabitée.

Ils pouvaient en outre y trouver une nouvelle ressource,
qui n'était pas à dédaigner dans les conditions où ils se
trouvaient.

Par la vallée du Nil ils arrivaient en contact avec les
populations négroïdes, faciles à dominer et qui pouvaient
leur servir, tout à la fois, pour y trouver la main-d'œuvre agricole nécessaire à leurs cultures et les éléments
d'une armée de mercenaires pour opposer aux Berbères
et les tenir en respect.

Les colonies atlantes européennes se trouvaient plus
difficiles à défendre et durent être rapidement aban-
données.

Les souvenirs rapportés par Platon me semblent tout
à fait déformés et rédigés dans l'intention de célébrer la
valeur des ancêtres ; la vérité historique doit être tout autre.

Les populations ibériennes, qui voisinaient avec les
établissements des Atlantes, durent tout naturellement
profiter de la disparition de l'Atlantide pour s'emparer et
piller leurs colonies.

Les Atlantes, après des tentatives de résistance plus ou moins longues, durent finalement en être réduits à embarquer leurs marchandises les plus précieuses et à aller chercher un refuge dans quelque colonie voisine.

Les points sur lesquels ils durent se trouver parfaitement à l'abri devaient être les îles dont la population n'était pas assez considérable pour leur faire courir des risques de pillage et ils durent en garder la possession tranquille jusqu'à l'arrivée d'une nouvelle race maritime à laquelle l'histoire a donné le nom de *Pélage*.

Le second point où nous voyons les Atlantes pénétrer dans l'intérieur des terres pour y tenter la formation d'une patrie territoriale est la « *Phénicie* » ; mais ses conditions géographiques étaient loin de valoir celles de la vallée du Nil ; aussi les résultats ne furent-ils jamais bien brillants.

Quant à leur colonie abyssine, elle est restée assez en dehors de l'histoire par suite de la nature géographique du pays ; nous pouvons cependant constater les bonnes relations qui ne cessent d'exister entre l'Abyssinie et l'Egypte, bonnes relations dues à la communauté d'origine.

Le quatrième point sur lequel les Atlantes réussirent à fonder un empire est l'embouchure du Tigre et de l'Euphrate, car ils y rencontrent des conditions semblables à la vallée du Nil et une population indigène, d'origine négroïde, facile à réduire en esclavage et qui va leur procurer la main-d'œuvre indispensable à l'agriculture et aux travaux d'irrigation et leur permettre aussi la constitution d'une armée de défense.

Par ces moyens, ils purent arriver à fonder l'empire de Sumer et à le porter à un très haut degré de prospérité et de civilisation.

Nous devons maintenant suivre la marche des Atlantes vers l'Orient, signaler leurs établissements à l'embouchure de l'Indus et la formation d'une colonie au sud de l'Inde et à Ceylan, où toujours, grâce à l'asservissement des populations indigènes d'origine négroïde, ils peuvent s'établir solidement et former le mystérieux royaume qui ne nous est connu que par le récit de sa chute, racontée tout au long, mais Dieu sait avec quelle imagination, par le ou plutôt les auteurs du « *Ramayana* ».

Les Atlantes formaient en Europe, en Afrique et dans l'Asie occidentale du sud, une sorte d'aristocratie intellectuelle, maritime, commerciale et industrielle, mais ils étaient le *petit nombre* et il leur fallait trouver de la « *main-d'œuvre* » pour pouvoir prospérer.

Cette « *main-d'œuvre* », les Berbères, pasteurs nomades indépendants et avides de liberté, ne pouvaient pas la leur fournir; aussi, nous ne pouvons rencontrer des établissements atlantes florissants que là où se rencontraient les populations négroïdes qui, elles, possédaient toutes les qualités voulues.

On peut appeler les colons atlantes des « *civilisateurs de nègres* », tandis que, comme nous le verrons, ce sont les races blanches qui vont tenter, par leurs apostolats, la civilisation des races berbères.

D'autre part, il faut songer que dans toutes les colonies atlantes, même avant la disparition de la mère patrie, *l'élément féminin national* devait être fort rare; aussi les colons atlantes, la plupart du temps, devaient-ils se fournir de femmes chez les peuplades berbères voisines. Par ces croisements répétés, la race rouge devenait de moins en moins pure et se *berbérisait* chaque jour davantage; la race rouge ne devait se conserver pure que dans les familles royales et sacerdotales; les mariages entre frères et sœurs, qui forment la règle dans la famille royale des Pharaons, n'avaient pour objet que d'assurer la perpétuité de la race des ancêtres. En second lieu, comme *toujours*, les enfants parlent la langue de leur mère; aussi, la langue des Atlantes dut se perdre complètement, très peu de temps après la disparition de l'Atlantide, et c'est là la raison pour laquelle les Atlantes ont toujours été confondus avec les populations *dont ils parlaient la langue.*

Les mêmes phénomènes, croisements et perte de la langue natale, ont dû se produire, mais probablement à un degré moindre, dans les colonies, à base négroïde, de l'Abyssinie, de Sumer et des Indes.

Actuellement nous retrouvons les descendants, très fortement croisés, des Atlantes sur trois points principaux de l'Afrique :

I. En Abyssinie.

II. Au nord de l'Equateur, du Tchad au Sénégal, sous le nom de Peuls et Poulards; ils proviennent de migrations parties du sud-ouest de l'Egypte pendant la période de domination des Hycsos.

III. Au sud de l'Équateur, d'un océan à l'autre, sous le nom de Bantou; ils proviennent d'émigrations du royaume de Sumer, émigrations déterminées par la poussée des Ibères, Assyriens du nord.

Les Atlantes d'Amérique.

Les Atlantes d'Amérique n'ont pas encore trouvé leur historien.

On peut prévoir :

I. Des colonies sur les deux mers avant la catastrophe.

II. Pendant le cataclysme, des Atlantes ont dû pouvoir gagner les côtes de la Floride et s'y multiplier.

Nous les retrouvons en lutte avec les Mayas, sous le nom de « *Nahuatls* », et plus tard, sous le nom d'Aztèques, ils fondent le grand empire du Mexique.

Caractéristiques des Atlantes.

1. Le fait d'avoir été les seuls peuples maritimes de la seconde période et de la première partie de la troisième.

Nulle autre nation ne possédait, à l'époque, un seul bateau pouvant tenir la mer. Jamais les Berbères, peuple pasteur nomade, n'ont possédé ni cherché à posséder un bateau.

A cette époque, partout où l'on rencontre un navire, on peut être sûr qu'il est monté par des Atlantes.

II. L'écriture sous toutes ses formes, pictographiques, idéographiques, hiéroglyphiques et alphabétiques.

III. Les procédés de construction et l'architecture; les peuples berbères, pasteurs nomades, n'ont jamais dépassé la fabrication des tentes.

IV. Leurs connaissances astronomiques.

QUATRIÈME ÉTUDE

Les races berbères et ibères dans la troisième période.

LES RACES BERBÈRES.

Le rédacteur de la Bible, je ne parle pas de Moïse bien entendu, en ramassant, çà et là, une quantité considérable de légendes, de traditions, d'histoires et de généalogies de tribus de nomades pasteurs nous a, tout à la fois, rendu un très grand service et placés dans de grosses difficultés.

Il nous a rendu un grand service car, grâce à lui, nous pouvons avoir une idée très juste de la vie des pasteurs nomades de ces anciennes époques.

Il nous a créé des difficultés en coordonnant tous ces matériaux de la façon la plus extraordinaire, pour en faire une histoire du peuple d'Israël depuis la création du monde jusqu'à ces jours.

Pour tirer parti des documents bibliques, il est nécessaire de procéder à un triage et à un classement, ce qui, du reste, offre de grandes difficultés.

Si l'on s'en rapporte aux généalogies et aux dates

« *anté* » ou « *post* » diluviennes, on constate des absur-
dités.

Voici, comme exemple, le tableau des dates antédilu-
viennes :

Adam, né en l'an	0,	a son fils Set	à l'âge de 130,	meurt en l'an 930,	à l'âge de 930 ans.
Set,	—	130,	—	Enos	—	105,	—	1042,	—	912 —
Enos,	—	235,	—	Qénan	—	90,	—	1140,	—	905 —
Qénan,	—	325,	—	Mahalalel	—	70,	—	1235,	—	910 —
Mahalalel,	—	395,	—	Yered	—	65,	—	1290,	—	895 —
Yered,	—	460,	—	Hanok	—	62,	—	1422,	—	962 —
Hanok,	—	522,	—	Métusélah	—	65,	—	887,	—	365 —
Métusélah,	—	587,	—	Lémek	—	187,	—	1556,	—	969 —
Lémek,	—	774,	—	Noah	—	182,	—	1551,	—	777 —
Noah,	—	956,	—	Sem	—	500,	—	1906,	—	950 —
Sem	—	1456.								

Le déluge en l'an 1554, et Sem avait 98 ans á cette
époque !

Nous ne pouvons tirer aucun parti de ces chiffres, car
la fraude est trop manifeste.

On remarque tout d'abord que Métusélah meurt en
1556, soit deux ans APRÈS le déluge, et pourtant on oublie
de l'embarquer sur l'arche !

Le rédacteur commence á donner, pour la naissance du
fils héritier, les âges de 90, 70, 65, 62, 65 ans, puis, tout
á coup, il s'aperçoit que s'il continue ainsi, tous les
patriarches seront encore vivants au moment du déluge
et qu'il faudra les embarquer sur l'arche, ce qui pourrait être gênant; alors le rédacteur passe aux âges 187
et 182; puis, voyant que ça ne suffit pas, donne á Noé son
premier fils á l'âge plutôt avancé de 500 ans (!!) et oublie
le vieux Métusélah !

Voici maintenant le tableau des dates après le déluge;
elles sont peut-être encore plus ridicules.

Nous prenons l'ère du déluge.

Noé,	né(1)en l'an 598,	à son fils Sem		à l'âge de 500 ans, meurt en l'an 352, à l'âge de 950 ans.		
Sem,	(1) — 98,	— Arpaksad	— 100	—	502,	— 600 —
Arpaksad(2) —	2,	— Sélah	— 35	—	440,	— 438 —
Sélah	— 37,	— Héber	— 30	—	470,	— 433 —
Héber	— 67,	— Phéleg	— 34	—	531,	— 464 —
Phéleg	— 101,	— Reu	— 30	—	340,	— 239 —
Reu	— 131,	— Sérug	— 32	—	370,	— 239 —
Sérug	— 163,	— Nahor	— 30	—	393,	— 230 —
Nahor	— 193,	— Térah	— 29	—	341,	— 148 —
Térah	— 222,	— Abram	— 70	—	427,	— 205 —
Abram	— 292,	— Yismaël	— 86	—	467,	— 175 —
{ Yismaël	— 378.					
{ Yishak	— 392,	— Jacob et Esaü —	60	—	572,	— 180 —

Ici les résultats sont encore plus stupéfiants, car *Sem*, le fils de Noé, qui ne meurt qu'en l'an 502, se trouve *vivant* à la mort d'Abram (Abraham), qui a lieu en 4675, et Abraham est âgé de soixante ans à la mort de Noé !

Abraham, qui est arrière-arrière-arrière-arrière-arrière-arrière-arrière-petit-fils de Sem, se trouve mourir trente-cinq ans avant Sem, et le rédacteur ne fait même pas semblant de s'en apercevoir !!

Il faut considérer les récits anecdotiques d'Abraham, d'Isaac, de Jacob, de Joseph, etc., comme des récits tirés de souvenirs de généalogies appartenant à différentes familles de pasteurs nomades.

Le rédacteur de la Bible (pas Moïse) les a arrangés, à sa fantaisie, dans un certain ordre en faisant descendre les uns des autres des gens qui ne se connaissaient même pas et qui vivaient probablement tous à la même époque.

Ce qui donne de la valeur aux récits, c'est le fait que le rédacteur n'a pas songé à moraliser ses histoires et les a laissés dans toute leur pureté naïve et cela pour la raison qu'il ne les trouvait nullement choquantes, et à son point de vue il avait pleinement raison.

(1) Avant le déluge.
(2) Après le déluge.

La moralité de ces récits peut se résumer dans le « *triomphe de la roublardise* ».

On doit rester fidèle à la lettre du contrat, mais lors de sa rédaction on doit s'efforcer de le rédiger de façon à pouvoir ultérieurement « *rouler* » la partie adverse; le contrat de bonne foi est inconnu; la partie adverse ne se plaint *jamais* de cette façon d'agir, elle la trouve parfaitement régulière et la considère comme *une leçon*; c'était à elle à faire attention lors de la rédaction du contrat.

L'histoire des démêlés de Jacob avec son beau-père Laban est bien typique à cet égard.

Laban profite de l'amour de Jacob pour sa fille cadette pour l'engager « *au pair* », pour sept ans, comme gardeur de bétail; à l'échéance, Laban, grâce à un tour de passe-passe, refile sa fille aînée à Jacob, sous le prétexte que, dans sa famille, les aînées doivent toujours se marier les premières; ce dernier s'entête et rengage pour sept ans, toujours au pair; après les quatorze ans, c'est au tour de Jacob à marquer le point car, grâce à une *finesse,* il arrive à s'approprier *légalement* les quatre cinquièmes des troupeaux de son beau-père, mais redoudant une revanche de ce dernier, Jacob trouve plus prudent de filer un beau matin, à l'anglaise, pendant que sa femme subtilise les fétiches paternels.

La suite de l'histoire appartient à une autre source.

Les rapports, entre époux, des pasteurs nomades de l'époque, choquent nos idées modernes de bienséance; Abraham fait deux fois fortune, grâce à la beauté de sa femme, qu'il fait invariablement passer pour sa sœur, sous prétexte que les princes de l'époque avaient horreur des femmes mariées.

La seconde femme de Jacob, pour faire pièce à sa sœur, qui est en même temps sa belle-sœur, ne trouve rien de mieux que de faire partager à sa femme de chambre la couche de son mari, et comme la sœur aînée lui rend la pareille, Jacob se trouve à la tête de quatre femmes au lieu de deux.

Le point capital qui nous intéresse est que ces histoires, vieilles de quatre mille ans, paraissent écrites d'hier, et nous peignent la vie et les mœurs des pasteurs nomades d'il y a quarante siècles, tels que nous les voyons de nos jours dans tous les environs du Tchad, chez leurs descendants arabes et berbères; nous constatons là un exemple de « *fixation cérébrale* » qui valait bien la peine d'être signalé et qui nous prouve le peu d'influence du temps sur les races qui maintiennent constants leurs habitats, leur manière de vivre et leurs coutumes.

Et tout à côté, à deux pas, en Egypte, pendant ces quatre mille ans, les civilisations succèdent aux civilisations, les empires aux empires, les guerres aux guerres; la vallée du Nil change vingt fois de maîtres, les premiers Pharaons construisent des palais et des temples monstrueux qui disparaissent sous les sables pour être retrouvés plus tard par de nouvelles races, les dynasties succèdent aux dynasties, les races aux races jusqu'au jour d'aujourd'hui où de flegmatiques Anglais vont établir des postes de sans fil jusqu'aux sources du vieux Nil pendant que les cinématographes enregistrent les prouesses de nos aviateurs; et tout à côté, à deux pas, les nomades pasteurs paissent leurs troupeaux, boivent le lait des brebis et assistent à toutes ces perturbations dans leur immobilité quarante fois séculaire.

Si maintenant nous étudions les races des pasteurs nomades de race berbère au point de vue des croyances religieuses nous devrons tout d'abord relever que le « *Monothéisme* » date de Moïse; c'est une importation qui lui appartient en propre et pas un historien honnête et de bonne foi n'a le droit de la lui enlever. Bien entendu que, pour faire remonter l'histoire du peuple juif à la création du monde, il a été nécessaire d'en doter les patriarches anté- et postdiluviens, mais cette attribution n'a jamais trompé personne, personne du moins possédant quelque esprit philosophique.

Si la croyance à l'unité divine s'est implantée, comme elle l'a fait, dans le cerveau des pasteurs nomades, c'est par suite du fait qu'elle n'a jamais été considérée par eux comme une idée philosophique générale, mais bien comme correspondant à une idée de droit à une propriété exclusive.

Pour les pasteurs nomades, le Dieu d'Israël n'est pas le Dieu de tout le monde, c'est un dieu particulier qui ne s'occupe que du peuple d'Israël et considère le reste de l'humanité comme un ramassis de pas grand chose, indigne de son attention et surtout de sa bienveillance.

Le Dieu d'Israël a pour principale fonction de massacrer impitoyablement les ennemis d'Israël, et quand le peuple d'Israël subit des revers de fortune, c'est un châtiment mérité résultant du fait que, par sa conduite, il a offensé son Dieu et mérité sa colère.

Le monothéisme d'Israël n'est, à proprement parler, qu'un monothéisme apparent, car en allant au fond des choses on trouve à l'origine une alliance, un pacte, un véritable contrat.

Pour faire adopter ce monothéisme spécial par la masse, les éducateurs ont dû préciser qu'il y avait eu, à l'origine, *contrat bilatéral*.

Entre le Dieu d'Israël d'une part et d'autre part le peuple d'Israël, il a été arrêté et convenu ce qui suit :

A. Le peuple d'Israël devra obéir à certaines lois, remplir certains rites, se soumettre à certaines coutumes.

B. Le Dieu d'Israël, de son côté, protégera et défendra le peuple d'Israël contre ses ennemis.

On ne rencontre en aucune façon, chez les pasteurs nomades qui vont former la base du peuple d'Israël, une croyance à un Dieu unique, parfaitement juste et parfaitement bon, et qui, en conséquence, traitera toute l'humanité avec la même justice et la même bonté.

Le Dieu d'Israël n'a raison d'être qu'à la condition expresse de spécialiser ses faveurs et de les réserver exclusivement à un groupe d'individus qui ne représentent qu'une infime partie de l'humanité.

Le monothéisme vrai ne peut être conçu, compris et admis que par un cerveau *altruiste*; un cerveau *égotique* ne peut, lui, concevoir qu'un dieu particularisé, spécialisé à sa race ou à son groupe et du fait qu'il n'en a choisi qu'un seul, il n'en résulte, en aucune façon, qu'il possède des idées monothéistes, d'autant plus que, s'il considère nécessaire d'avoir un Dieu pour le protéger et le défendre, il y a *présupposition* d'un Dieu adverse contre lequel il doit être défendu.

Du reste, le peuple d'Israël avait pu remarquer que, dans les religions où il existe plusieurs dieux, ces derniers passent leur temps à se disputer entre eux et à se faire la guerre sans plus jamais s'occuper des pauvres mortels et, avec leur esprit pratique, les pasteurs nomades ont vite reconnu qu'il était infiniment préférable de n'avoir qu'un seul Dieu qui puisse leur consacrer tous ses loisirs.

Nous pouvons conclure que l'idée d'un Dieu unique, particularisé à une race unique, qu'il est chargé de défendre à la suite d'un contrat bilatéral, est la caractéristique religieuse des pasteurs nomades et nous permettra de les reconnaître partout et de les distinguer des autres races.

A côté de la question religieuse que nous venons d'élucider, se place celle de la langue. Cette question est suffisamment importante pour qu'il vaille la peine de lui consacrer l'étude spéciale qui va suivre.

CINQUIÈME ÉTUDE

Les langues qui forment leur féminin sexuel avec un T.

L'établissement des analogies phonétiques est une matière extrêmement délicate, surtout en ce qui regarde les langues éteintes ; pour les langues vivantes la question est encore très difficile, car il est rare de rencontrer deux personnes qui prononcent le *même mot* de la *même manière*.

Il existe, heureusement, des défauts de prononciation qui sont inhérents aux races et par conséquent héréditaires et soigneusement notés, ces défauts peuvent fournir d'utiles renseignements.

Si l'on veut aller au fond des choses et remonter à la source, la prononciation d'un mot, *lu* ou *entendu*, peut et doit se ramener à la formation primitive d'un « *induit* », ce qui revient à dire que la prononciation du mot, *lu* ou *entendu*, est le résultat de courants nerveux suivant, dans la couche corticale, des chemins *habituels* déterminés.

Si une faute se produit, ce ne peut donc être que par suite de ce qu'un courant a pris un mauvais chemin, et, pour que ce mauvais chemin ait *pu* être pris, il fallait qu'il se trouvât placé à côté du bon.

Un exemple fera mieux saisir le procédé : soit quatre fils, numérotés 1, 2, 3 et 4, qui se trouvent placés dans ce même ordre à côté les uns des autres ; il pourra s'établir un contact anormal de voisinage entre le fil 1 et le fil 2, ou entre 2 et 3, ou entre 3 et 4, mais jamais entre 1 et 4 ; il y a donc des fautes qui *peuvent* être commises et d'autres qui ne le peuvent pas.

D'autre part, le fait que certaines races commettent certaines fautes, et certaines autres races certaines autres fautes, nous prouve que les localisations des fibres diffèrent avec les races et sont héréditaires.

L'étude des langues doit donc être précédée de l'étude du mode de fonctionnement du cerveau en ce qui regarde le langage, et comme cette dernière étude est complètement négligée par les linguistes, il n'est pas étonnant que la linguistique ne fasse que peu de progrès.

Deux personnes de même race, et à plus forte raison de races différentes, n'*entendent* pas exactement de la même façon, et par conséquent, n'enregistrent pas le son de la même manière; si, par exemple, un Anglais, un Allemand et un Français entendent un même nègre prononcer le même mot et qu'ils se servent, tous les trois, pour l'enregistrement, du même alphabet conventionnel, il y a cinquante chances sur cent pour que ce même mot se trouve enregistré de trois façons différentes; aussi ne peut-on employer les dictionnaires qu'avec une grande circonspection, en ce qui regarde les analogies phonétiques.

Heureusement qu'il existe dans les langues d'autres critériums que la phonétique et qu'on peut y rencontrer certaines caractéristiques qui ne laissent aucun doute dans l'esprit sur la parenté de certaines langues, les unes avec les autres.

Parmi les différentes caractéristiques qui permettent de classer les langues, nous rencontrons, dans les langues berbères, la formation d'un féminin sexuel en T, ou plus exactement avec deux T, *un* qui se place au commencement du mot et l'*autre* à la fin.

Exemple :

aîdi = chien.	iattous = chat.
*t*aîdi*t* = chienne.	*t*iattous*t* = chatte.

Quand on rencontre plusieurs langues qui possèdent ce côté commun, on peut sans hésiter les grouper dans une même famille, même si elles diffèrent par beaucoup d'autres points, car cette différenciation des sexes est un point tellement important que tous les sons des mots pourraient changer sans que la formation du féminin par un T en soit affectée.

Cette particularité est la *caractéristique par excellence* des langues berbères.

Je donnerai quatre exemples pris aux quatre coins du Nord africain :

Tunisie au nord-est.

Environs du Tchad au sud-est.

Maroc au nord-ouest.

Sénégal au sud-ouest.

Je citerai pour le Sénégal d'après « RENÉ BASSET ».

»	»	le Maroc,	»	« S. CID KAOUI ».
»	»	la Tunisie,	»	« Dʳ PROVOTELLE ».
»	»	Ouargla,	»	« S. BIARNAY ».
»	»	le dialecte Taïtoq,		« EMILE MASQUERAY ».

1. ZÉNAGA (Sénégal) d'après R. BASSET.

femme	= *Tinetchimt*	femelle	= *Temti*
fils	= *ogzi*	fille	= *Tegzit*
âne	= *ajidj*	ânesse	= *Tajjig*
petit âne	= *igidji*	petite ânesse	= *Tegidjit*
chevreau	= *igedi*	chèvre	= *Tadh*
chien	= *idi*	chienne	= *Tidith*
chameau	= *edjim*	chamelle	= *Tedjimt*
bœuf	= *ezger*	vache	= *Techi*
cheval	= *odji*	jument	= *Toudjith*
mouton	= *gerer*	brebis	= *Tidji*
bouc	= *ajadi*	chèvre	= *Toulith*

MAROC (d'après « S. Cid Kaoui »).

âne	= *aryoul*	ânesse	= *Taryoult*
chat	= *amouch*	chatte	= *Tamoucht*
chameau	= *araem*	chamelle	= *Taraemt*
chien	= *ikzin*	chienne	= *Tikzint*
chien (lévrier)	= *aidi*	»	= *Taidit*
cheval	= *amektar*	jument	= *Tagomart*
femme	=		*Tamrart*
fille	=		*Tafroukht*
fille (non mariée)	=		*Taaezrit*
bœuf	= *asger*	vache	= *Tafounast*

On voit que les noms changent souvent complètement, mais la féminisation sexuelle en T reste *immuable*.

TUNISIE (Tamazirt d'après « Dr *Provotelle* »).

femme	= *Tamattout*		
chien	= *aîdi*	chienne	= *Taîdit*
bœuf	= *afounas*	vache	= *Tafounast*
chat	= *iattous*	chatte	= *Tiattoust*
chameau	= *alrem*	chamelle	= *Talremt*
àne	= *arioul*	ànesse	= *Tarioult*
vieillard	= *aousser*	vieille femme	= *Taoussert*
petit garçon	= *agatchil*	petite fille	= *Tagatchilt*
fiancé	= *ousli*	fiancée	= *Taslit*
coq	= *iazit*	poule	= *Tiazit*

OUARGLA (d'après S. *Biarnay*).

âne	= *arroul*	ànesse	= *Tarroult*
chat	= *mouchch*	chatte	= *Tmouchcht*
poulain	= *lmher*	jument	= *Tlmhert*
rat	= *arerda*	femelle du rat	= *Tarerdait*
chien	= *aidi*	chienne	= *Taidet*
bœuf	= *lbger*	vache	= *Tlbegra*
homme	= *argaz*	femme	= *Tamettout*
fiancé	= *arri*	fiancée	= *Tarrit*

TOUAREG (dialecte Taïtoq d'après « *E. Masqueray* »).

femme	= *Tamodht*		
vieille femme	= *Tamrart*		
fille très jeune	= *Tabaradht*		
fille jeune	= *Tanoubit*		
fille formée	= *Tamaouadht*		
fille de joie	= *Tamezzant*		
fille nubile	= *Tamesrît*	fils nubile	= *amesrî*
vieux	= *irou*	vieille	= *Tarou*
vache	=		*Tisout*
brebis	=		*Telahit*
chèvre	=		*Tirsi*
chien	= *aidi*	chienne	= *Taidit*
chameau	= *arelam*	chamelle	= *Tarelamt*
àne	= *aîhédh*	ànesse	= *Teîhédht*

Ces quelques exemples suffisent pour montrer la solidité du principe qui permet le classement des langues berbères par la féminisation en T.

Plus à l'ouest, nous rencontrons un autre groupe de langues qui, pour former ses féminins sexuels, n'a plus conservé qu'un seul T sur les deux, sauf pour des cas spéciaux, où le second T vient indiquer comme une intensité dans le sexe comme pour le nom des déesses; et aussi dans ce cas, pour laisser intact le nom primitif de la déesse, qui à l'origine possédait ses deux T, comme la fameuse déesse Tanit.

Ce groupe de langues comprend l'assyrien avec ses dialectes hébreu, phénicien, etc.; l'égyptien et l'arabe.

Je citerai quelques exemples.

Assyrien :	roi	= *sar*	reine	= *sarat*
	dieu	= *ilu*	déesse	= *ilat*
	grand	= *rabu*	grande	= *rabit*
	chameau	= *gammali*	chamelle	= *nakaat*
	maîtresse =			*belit*
	terre (la grande mère) =			*irsut*
	vierge	=		*batulat*
	mère	=		*alidaat*
	épouse	=		*irat*
	ce	= *agaa*	cette	= *agaatu*
Egyptien :	jeune homme	= *nofer*	jeune fille	= *nofert*
	frère	= *son*	sœur	= *sont*
	dieu	= *nuter*	déesse	= *nutert*
	fille	=		*sat*
Hébreu :	frère	= *ahéou*	sœur	= *ahéout*
	fils	= *bar*	fille	= *bat* (¹)
	vierge	= *batal* et *batoulé*		
	femme (chaldaïque) =			= *ata*
	pudeur féminine = pudenda			= Bsht
	reine	=		= Malkt
	pudenda =			= orout

(1) En arabe, fils = *ben* et fille = *Benet*.

On peut encore distinguer, jusqu'à un certain point, une famille de langue, indépendamment de toute phonétique, par la façon dont se trouvent établies les dérivations de sens; on se trouve ainsi à même de jeter comme un coup de sonde dans le cerveau de la race.

Pour ne pas allonger ce travail, je ne fournirai que deux exemples, pris dans la langue hébraïque et qui suffiront à donner une idée du procédé.

Racine : ID = mains.

Nous passons à :

I. Gestes accomplis avec les mains.
II. Objets fabriqués avec les mains.
III. Connaissance par le « *toucher* » qui passe à « *voir* » dans le sens « *avoir des yeux au bout des doigts* », « *vue des aveugles* ».
Connaître.
Choses connues : le savoir, la science.
IV. Sensations voluptueuses obtenues par le toucher.
Amour.
Rapports sexuels.

Exemples :

ID fém. plur. idout = mains.
IDA = applaudir (action faite avec les mains).
IDD = faire avec les mains et faire dans un sens général.
saisir avec les mains et saisir dans un sens général.
jeter avec les mains et jeter dans un sens général.
IDD = amour-aimer.
IDOU = amant.
IDOUT = objets fabriqués.
IDID = aimé-chéri.

IDIDOUT = délices voluptueuses sensuelles (résultat d'attouchements).

IDO = Voir, connaître, savoir, distinguer, reconnaître, avoir des rapports sexuels (qui nécessitent un attouchement).

DOUD = caresses voluptueuses.

Dans les langues berbères la même racine signifie « *doigts* » au lieu de « *mains* ».

En Taitoq (*Masquerey*) *Adhadh* = doigts.

Tadah = palper, manier.

Racine : DM = sang.

I. Couleur rouge.

II. Couleur rouge des terres ferrugineuses, terres cultivables, terres fertiles.

III. De même sang, de même famille ; similitude ethnique, un même sang coule dans les veines.

Exemples :

DM = sang.

DME = semblable par le sang, semblable dans un sens général.

DMOUT = similitude.

ADM = verbe, rougir.

ADOUM = adj. rouge, rubis.

ADMDM = superlatif par répétition, très rouge.

ADMÉ = terre rouge, terre cultivable, champs.

ADMÈ = ville, près de Sodome, entourée de terres rouges.

ADMOUNI = cheveux rouges.

Dans les langues berbères, même signification :

sang = idammem (Maroc).

sang = dammem (Zénaga).

SIXIÈME ÉTUDE.

Les races berbères et ibères de la troisième période.
(*Suite.*)

L'épisode de Joseph.

Le fond historique que nous retrouvons derrière l'histoire de Joseph consiste dans le fait qu'à un moment donné des tribus de pasteurs nomades, venant d'Arabie, ont obtenu du gouvernement égyptien des concessions de pâturages et le droit de s'établir dans le delta du Nil, dans les terres de « *Goschen* ».

Pour obtenir ces concessions et ces droits de séjour, dont l'importance était énorme, ces tribus de pasteurs devaient, *de toute nécessité*, posséder de puissantes protections auprès du Pharaon de l'époque.

Si nous étudions le récit biblique avec soin, pour y rechercher l'origine et le motif de cette haute protection, nous trouvons tout d'abord le premier contact dans l'histoire d'Abraham, qui arrivait en Egypte avec toute sa maison, venant d'Ur en Chaldée.

Le rédacteur précise que :

La femme d'Abraham est extrêmement belle.

Qu'Abraham la fit passer pour sa sœur.

Qu'elle fut enlevée par les agents du Pharaon et placée dans son harem.

Qu'à la suite de son arrivée le Pharaon tomba malade.

Qu'il attribua sa maladie à la femme d'Abraham.

Qu'il fit faire une enquête et vint à savoir qu'il avait été trompé et que la femme enlevée était l'*épouse* et non la *sœur* d'Abraham.

Qu'il rendit la femme à Abraham pour s'en débarrasser.

Qu'il combla Abraham de présents en or, en argent et en bétail.

Cette histoire est aussi stupide qu'elle est immorale, car si le roi d'Egypte avait appris qu'il avait été trompé par Abraham et que de plus sa maladie était due à la femme enlevée, au lieu de récompenser le patriarche complaisant, il l'aurait livré à son bourreau ou, tout au moins, fait jeter en prison pour le reste de ses jours; les Pharaons de l'époque ne plaisantaient pas avec ces sortes de choses et pour eux la vie d'un pasteur de troupeaux n'avait pas plus de valeur que celle d'un des animaux du troupeau.

Je rétablis les faits de la façon suivante :

La femme enlevée par les agents du Pharaon pour son harem royal était la *fille* et non pas l'*épouse* d'Abraham; elle devint la favorite bien-aimée du roi d'Egypte et en profita pour faire combler son père de présents, ce qui n'est que fort naturel, bien plus moral et bien plus honorable que l'histoire biblique; d'autant plus que la polygamie était admise et que c'était l'époux qui payait au beau-père une dot pour l'épouse.

D'autre part, nous trouvons dans ce fait, ainsi restitué, l'origine rationnelle de l'histoire de Joseph. Joseph, d'après mon système, était le *fils* de la *fille d'Abraham* et du *Pharaon*, et comme la fille d'Abraham se trouvait la *favorite bien-aimée* du Pharaon il devient tout naturel, tout simple, et dans la logique des choses, que ce fils de la femme aimée ait pu atteindre aux plus hautes destinées et occuper à un moment donné, en Egypte, une position prépondérante.

Joseph se trouve être ainsi, du même coup, le *petit-fils d'Abraham* et le *fils du roi d'Egypte*. Dans le récit biblique, Joseph est fils de Jacob, lequel Jacob est fils d'Isaac, fils lui-même d'Abraham. Dans le système de la bible, Joseph est donc *arrière-petit fils d'Abraham* et dans mon système il est le *petit-fils*; la différence n'est pas grande, seulement, au point de vue biblique, la descendance doit se faire de mâle en mâle et non pas par les femmes, et telle est la raison du changement qu'a cru devoir faire le rédacteur.

D'autre part, le rédacteur n'aime pas les choses simples et naturelles; il préfère les choses miraculeuses ou il peut faire intervenir le Dieu d'Israël et il tient surtout, quitte à mettre sur le dos du vénérable patriarche des actes d'immoralité, à faire tendre des pièges à l'Egyptien et à le faire « *rouler* » par Israël; c'est là une véritable « *marque de fabrique* » des récits que nous rencontrons dans la bible, comme je l'ai déjà fait remarquer.

Joseph, *fils du Pharaon et de sa favorite*, élevé par sa mère, parlant la langue de sa mère, reste *de cœur* avec les pasteurs nomades et très attaché et dévoué à sa famille maternelle.

Avec mon système nous sortons de la légende ridicule, des choses pratiquement impossibles, pour rentrer dans une suite d'événements très simples, très naturels et qui s'enchaînent avec la logique la plus parfaite.

Joseph profite de la haute situation qu'il a acquise, grâce à sa naissance royale et à sa grande intelligence, pour faire obtenir à la tribu de son grand-père maternel la concession à perpétuité des magnifiques pâturages de la contrée de Goschen et le droit d'établissement dans le delta, et nous trouvons ainsi une cause toute naturelle à un cas historique qui paraissait être un problème insoluble.

La captivité en Égypte.

On ne peut attacher aucune importance à la chronologie biblique; elle est absurde depuis le commencement jusqu'à la fin; on n'y rencontre aucune précision et si les pasteurs attachent aux généalogies une énorme importance, par contre ils se soucient fort peu de la question des dates.

La répétition constante de certains nombres, toujours les mêmes, prouve de façon très claire que les nombres donnés sont l'équivalent de mots comme : « *un petit nombre* », « *un certain nombre* », « *un grand nombre* », « *un très grand nombre* », « *un nombre énorme* » d'années.

Il faut laisser aux enfants le petit jeu qui consiste à additionner, à soustraire et à combiner entre eux les nombres donnés par la Bible, dans l'espoir d'en tirer quelque conclusion raisonnable. La seule date qui peut être fixée approximativement est celle de l'exode ; quant aux dates précédentes il n'y a rien à en tirer.

Le seul point que nous pouvons considérer comme acquis c'est que l'arrivée de la maison d'Abraham et l'établissement des pasteurs dans la contrée de Goschen se sont produits sous la dynastie des « *Hyksos* », et que la période dite de captivité n'a commencé qu'après la restauration de l'ancienne monarchie égyptienne.

Après la mort de Joseph, il s'est naturellement produit une réaction ; les pasteurs de la contrée de Goschen, privés de leur puissant protecteur, ont dû commencer à payer les faveurs dont ils avaient dû forcément abuser pendant la période précédente et nous pouvons trouver, dans cet abus, l'origine naturelle et la source de la haine des Égyptiens pour les Hébreux, considérés comme les protégés de la favorite étrangère et de son fils.

En second lieu, les pasteurs du delta devaient être les clients et les protégés de la monarchie des Hyksos et ont dû, obligatoirement, prendre partie pour ces derniers quand la vieille Égypte, sortant de sa léthargie, a commencé à remonter peu à peu vers le nord, à la conquête de son ancien empire.

Pendant les temps qui suivirent la défaite définitive des Hyksos, le delta du Nil conserve encore son indépendance et vient servir de refuge à tous les anciens partisans de la précédente dynastie, ce qui constituait, pour les Pharaons, un perpétuel danger et une menace constante ; aussi, la conquête du delta devait-elle constituer pour l'Égypte un objectif obsédant, une sorte de « *delenda Carthago* ».

Incapables encore d'en faire la conquête définitive, les Pharaons devaient, de temps en temps, y pratiquer des saignées, y effectuer des *rafles* qui, tout en affaiblissant la population du delta, leur procuraient la main-d'œuvre nécessaire à la reconstruction des temples et des palais détruits pendant les époques précédentes.

Les habitants des villes, population cosmopolite, devaient se trouver à peu près à l'abri ; mais les pasteurs répandus dans la campagne ne pouvaient guère offrir de résistance ; aussi des Hébreux, en nombre énorme, durent être emmenés en captivité et soumis aux travaux les plus pénibles.

C'est cette période qui correspond au « *temps de captivité* » de la Bible, et elle n'a pas dû durer bien longtemps ; aussi ne faut-il pas confondre la *durée du séjour en Égypte* avec le *temps de la captivité*.

On peut, pour se rendre compte, établir les divisions suivantes :

Arrivée d'Abraham en Égypte $= x$;

Vie de Joseph $=$ environ soixante ans ;

Période de prospérité et de multiplication dans la terre de Goschen $= y$;

Expulsion des Hyksos $=$ A (pourrait être fixée par des documents égyptiens) ;

Période de captivité partielle en Égypte $= z$;

Date de l'exode $=$ B.

LE PHARAON ET MOÏSE.

L'histoire des dix plaies d'Égypte ne vient pas de Moïse ; ce récit est bien trop enfantin pour être sorti du cerveau du grand législateur ; il n'a dû être rédigé que des siècles après sa mort, quand le souvenir des événements avait presque disparu.

La vérité historique, qu'on trouve toujours derrière la légende, ne peut correspondre qu'à une série de négociations entre le Pharon et Moïse, négociations ayant pour objet la libération des Hébreux qui se trouvaient en esclavage en Égypte, l'évacuation du delta par les pasteurs nomades et la reddition des principales villes fortes de la contrée de Goschen.

Le Pharaon avait dû se rendre compte qu'il ne se trouvait pas en état de faire l'effort militaire nécessaire pour obtenir de vive force l'évacuation de cette partie du pays, et que d'un autre côté il était urgent de débarrasser l'Égypte d'un foyer de révoltes qui constituait pour elle un danger permanent.

Moïse devait occuper dans la contrée de Goschen une situation prépondérante qui en faisait le porte-parole de cette masse de populations hétéroclites qui devait comprendre, en ce qui regarde les villes, un fond de colonisation pélagique (*Tamêhou* des Égyptiens) avec des Ibères, des habitants des îles, des Syriens, etc., et, en ce qui regarde les campagnes, des tribus de pasteurs nomades, d'origine arabe et chaldéenne, parmi lesquelles la tribu d'Abraham, Isaac et Jacob devait occuper une situation privilégiée à la suite des concessions qu'elle avait obtenues grâce à Joseph.

Des négociations durent alors s'engager entre le Pharaon et Moïse avec l'objectif de diriger, vers le pays de Canaan, pour en effectuer la conquête, toutes les forces du delta et il est probable que la libération des esclaves hébreux devait être une des conditions imposées.

Les négociations durent être longues et difficiles; le Pharaon refusant les conditions imposées par Moïse, et Moïse, de son côté, menaçant continuellement le Pharaon, et mettant ses menaces à exécution par des attaques répétées et réussies, dont les succès correspondent, dans la légende, aux plaies d'Égypte.

Il faut remarquer que Moïse traitait, tout à la fois, au

nom des populations du pays de Goschen, qui, elles, étaient libres et au nom d'une masse d'esclaves hébreux capturés et retenus prisonniers dans le pays d'Égypte, prisonniers dont il réclamait la mise en liberté.

Cette exigence de Moïse, concernant les captifs hébreux, devait lui être imposée par les familles des Hébreux captifs, qui, elles, étaient restées libres dans la contrée de Goschen.

C'est pour cette raison que Moïse, ayant atteint son but, est appelé, à juste titre, *le libérateur des Hébreux captifs au pays d'Égypte*.

Une attaque brusque, correspondant avec une révolte à l'intérieur des Hébreux captifs, doit correspondre à la dernière plaie ; cette attaque simultanée dut avoir un plein succès et le Pharaon effrayé dut passer sous les Fourches Caudines, dressées par Moïse.

Le rédacteur biblique insiste sur les quantités de vaisseaux d'or et d'argent emportés par les Hébreux à la sortie d'Égypte ; c'était évidemment là le butin recueilli pendant le pillage, effectué lors de la dernière révolte, révolte qui correspond à la dixième plaie, et dont le succès vint assurer la libération des captifs hébreux.

Il est nécessaire d'insister sur la façon dont le rédacteur modifie, sur ce point, la vérité historique, car nous y trouvons de nouveau l'occasion de pénétrer plus profondément dans l'état d'âme et la morale du peuple d'Israël au *moment de la rédaction*.

Je cite les versets d'après la traduction « *Munk et d'Eichthal* ».

C'est tout d'abord le Dieu d'Israël qui donne des instructions à Moïse.

(XXXVII), 280,1 (ex. XI.)

« Parle maintenant au peuple ; que chaque homme demande à son compagnon et chaque femme à sa compagne des vaisseaux d'argent et des vaisseaux d'or. »

(Chap. VI, XLI, 318, 35.)

« *Les fils d'Israël firent selon les paroles de Moïse et demandèrent aux Égyptiens des vaisseaux d'argent et d'or et des vêtements.* »

(319, 36.)

« *Et l'Être fit trouver faveur au peuple aux yeux des Égyptiens qui les leur prêtèrent et ils dépouillèrent les Égyptiens.* »

Le pillage, d'après mon interprétation, est tout ce qu'il y a au monde de plus naturel ; les Hébreux captifs ont été pendant des années assujettis aux plus durs travaux et soumis aux brutalités des Égyptiens ; ils rencontrent l'occasion de se venger d'eux, de tuer leurs oppresseurs et de les piller ; ils ne font là qu'exercer des représailles parfaitement légitimes ; *ils sont absolument dans leur droit.*

Mais le rédacteur n'aime pas les choses naturelles ; par principe, il doit faire intervenir la puissance du Dieu d'Israël et surtout : « *les Égyptiens doivent être roulés par les Hébreux* ». Ce dernier point est celui qui lui tient le plus au cœur et il taxera son peuple, et même son Dieu, de n'importe quel méfait pour arriver à ce résultat.

En outre, pour confectionner son histoire, il ne craindra pas d'avoir recours aux circonstances les plus invraisemblables, aux inventions les plus stupides ; quoi de plus prodigieusement ridicule que l'idée que les riches Égyptiens vont prêter à leurs captifs leurs vaisseaux d'argent et d'or, ainsi que leurs vêtements !

Le rédacteur ne veut pas parler de vol, car le vol est défendu par la loi ; seulement, emprunter et partir ensuite en emportant la chose empruntée, ce n'est pas *voler*, c'est *profiter* de la naïveté des Égyptiens qui ont été assez *bêtes* pour prêter leurs vaisseaux d'or aux Hébreux ; *les Hébreux n'ont pas volé les Égyptiens, ils les ont roulés*; on ne peut qu'admirer cette distinction subtile.

En empruntant leurs vaisseaux d'or aux Egyptiens, les

Hébreux n'ont pas fixé la date à laquelle ils rendraient les objets empruntés ; ils les ont gardés jusqu'à aujourd'hui, c'est possible, mais ils ne les ont pas volés.

Quand on réfléchit que, *d'après le rédacteur*, c'est l'ETRE qui conseille, et même qui ordonne, cette opération véritablement frauduleuse, on juge de l'idée que les Hébreux, de l'époque de la rédaction, se faisaient de la Divinité et l'on se rend mieux compte que le *monothéisme vrai* n'avait rien à faire avec la religion des Hébreux de cette époque lointaine, car un Dieu qui ordonne une opération pareille, ce n'est pas un *vrai Dieu* mais une réplique de *Mercure*.

Bien entendu, je ne parle pas de la façon dont les israélites du XXᵉ siècle comprennent l'idée de Dieu, car je sais fort bien qu'ils l'entendent de même façon que les catholiques et les protestants.

Ce que je veux étudier ici, est l'idée que se faisait, du Dieu d'Israël, le rédacteur de la Bible, celui qui a rédigé les versets que j'ai cités, car j'ai intérêt à le savoir pour comprendre les textes qu'il nous a laissés.

Si nous avions pu expliquer à *ce rédacteur* l'idée que nous nous faisons de Dieu, c'est-à-dire une idée de souveraine et universelle justice et de suprême bonté, il n'aurait certainement pas pu reconnaître, *à cette définition*, le Dieu d'Israël tel qu'il se le représentait; aussi, c'est faire un *anachronisme psychologique* bien caractérisé que d'attribuer l'idée monothéique aux populations dont faisait partie le rédacteur de la Bible.

Pour en revenir à l'exode et au rôle joué par Moïse, nous pouvons noter qu'à plusieurs reprises il est fait allusion à une *difficulté d'élocution* du grand législateur, les traducteurs y voient un « *bégayement* »; je serais plutôt porté à voir là, en ce qui regarde Moïse, un manque de connaissance de la langue égyptienne, ce qui viendrait confirmer l'origine ethnique du grand organisateur d'Israël.

Aaron, qui n'était certainement pas le frère de sang de Moïse, fut choisi comme interprète et servait de truche-ment entre Moïse et le gouvernement égyptien.

Il serait trop long de tenter d'écrire ici l'histoire de Moïse ; du reste son histoire appartient à celle des trois grands apostolats hyperboréens qui sont liés les uns aux autres, soit l'apostolat de Yahvé, l'apostolat de Moïse et l'apostolat de Yésous.

Bien entendu je considère Moïse comme appartenant à la race blanche par son père et comme étant affilié à une sorte d'ordre socio-religieux, car, s'il n'en avait pas été ainsi, comment aurait-il pu connaître et nous conserver l'histoire de l'apostolat de Yahvé.

SEPTIÈME ÉTUDE

Les races berbères et ibères de la troisième période.

(*Suite et fin.*)

LES RACES IBÈRES.

Les Ibères du Nord-Ouest.

Les documents pour l'histoire de l'Europe à ces périodes reculées se réduisent à si peu de choses, qu'on ne peut vraiment que tracer les grandes lignes d'un cadre où pourront se classer, au fur et à mesure, les découvertes qui pourront se produire.

Les foyers de multiplication des Ibères du Nord-Ouest se trouvent placés sur les bords de la mer.

Les Ibères sont ichtyophages sédentaires et ne nous laissent, comme traces de leur passage, que d'innombrables « *Kjökkënmöddings* » et des dolmens.

Ils deviennent pêcheurs, se risquent peu à peu sur mer et font leur apprentissage de marins.

Ils apprennent les constructions titaniques en redressant des monolithes et en établissant leurs monuments funéraires.

Ce sont là les deux caractéristiques qui permettent de les reconnaître et de suivre le chemin de leurs migrations.

Ils remontent les fleuves, peuples les régions lacustres et essaiment des groupes de chasseurs nomades.

Ils ne commencent à posséder des animaux domestiques qu'après contact avec les Ibères caspiens; ils n'arrivent que tardivement à l'agriculture.

Par suite de la multiplication intensive des foyers maritimes ils émigrent vers le sud, par les côtes et voies fluviales et arrivent à la Méditerranée.

Ils entrent en contact avec les colonies atlantes et y reçoivent les premiers éléments de la civilisation et de la culture.

Leur nombre augmentant toujours ils marchent à l'ouest par les côtes et en descendant la vallée du Danube.

Ils entrent en contact avec les Ibères caspiens, les refoulent au sud et passent entre eux pour gagner le nord des Indes et y élever des dolmens.

Les Ibères du Nord.

Leur grand foyer de multiplication se trouve sur les bords de la Baltique.

Ils remontent les grands fleuves, peuplent les régions des lacs, entrent en contact à l'est avec les races jaunes; viennent presser au sud sur les Ibères caspiens qu'ils refoulent en Asie Mineure.

Les Ibères caspiens.

Se répandent en éventail autour de leur foyer de multiplication, la mer Caspienne et la mer Noire; poussés par les Ibères du Nord, ils refoulent à leur tour les Berbères d'Asie Mineure et d'Afrique.

Au moment du grand refroidissement, qui débute avec

la disparition de l'Atlantide, tous les foyers de multiplication du nord sont abandonnés et il se produit vers le sud une migration en masse.

Au moment où la race blanche, nouvellement formée, vient chercher sur les bords de la mer des foyers de multiplication, elle trouve la place libre, occupe tous les anciens foyers de multiplication de races ibériennes du nord-ouest et du nord, et *se superpose* à ces dernières races d'*une façon complète*. Ce point est *très important* au point de vue archéologique, car les fouilles donneront *toujours* des traces de *deux races*, presque identiques, qui ont vécu de la même façon et sont très exactement *superposées*.

HUITIÈME ÉTUDE

L'origine de la race blanche.

L'HYPERBORÉE.

Pour expliquer l'origine, la multiplication, le rôle actuel et surtout l'avenir de la race blanche, l'hypothèse de l'existence de l'Hyperborée s'impose comme une *nécessité implacable*.

Sans cette hypothèse, impossibilité de classer et d'expliquer les faits, surtout l'évolution intellectuelle de cette race privilégiée; impossibilité d'écrire l'histoire de notre race, impossibilité d'expliquer sa supériorité intellectuelle.

L'obscurité, plus apparente que réelle, qui règne sur nos origines, a deux causes principales :

1° L'interprétation biblique, imposée pendant des siècles, *comme vérité intangible*, interprétation qui prétendait fixer, dans un petit trou de la Chaldée, le centre de dispersion générale des races, avec, comme point de départ, un homme en terre glaise et une côte métamorphosée en femme, l'opération remontant à environ 6,000 ans;

2° La découverte des langues zende et sanscrite, dont la mauvaise interprétation a créé l'*Arianisme*, théorie ridicule et frivole, qui venait placer le centre de multiplication de la race blanche sur un point géographique, où il lui était *biologiquement impossible* de se multiplier, et voulait ensuite trouver, parmi des Ibères et des Berbères, croisés de races négroïdes, les ancêtres de la race blanche.

L'Hyperborée devait former l'extrême nord des groupes d'îles de l'Atlantide; mais, géologiquement et géographiquement, l'Hyperborée appartenait aussi, et même beaucoup plus, au système Islande-Grande-Bretagne.

L'Hyperborée se trouvait bien trop au nord et beaucoup trop éloignée de l'Atlantide proprement dite, pour avoir pu être peuplée par les hommes de la race rouge.

Avant la disparition de l'Atlantide, les hommes pouvaient passer facilement de la Grande-Bretagne en Hyperborée, et ce ne fut qu'au moment de la disparition de l'Atlantide que furent englouties les terres qui servaient à ces communications.

L'Hyperborée fut peuplée pour la première fois par les Ibères du nord-ouest de l'Europe, vers la fin de la seconde période.

Si, au moment qui précède la disparition de l'Atlantide, nous jetons un regard sur l'ouest de l'Europe, nous rencontrons du sud au nord :

En Afrique, sous les tropiques, des races négroïdes.

En Afrique, au nord, des races berbères de pasteurs nomades.

En Afrique, sur les côtes nord, des colonies d'Atlantes.

En Europe, sur les côtes sud, des colonies d'Atlantes.

En Europe, en Espagne et au midi de la Gaule, des Ibères du Midi.

En Europe, au nord de la Gaule et dans la Grande-Bretagne, des Ibères du Nord.

En Hyperborée, des Ibères du nord, venus de la Grande-Bretagne.

A ce moment, la race blanche, aux yeux bleus et aux cheveux blonds, *n'existe pas encore; elle n'a pas encore fait son apparition sur la terre.*

Pour former cette nouvelle race, les Ibères de l'Hyperborée devront, une troisième fois, recevoir le « baptême du froid »; pour gravir le troisième échelon de l'échelle de la perfection, ils devront supporter, une fois encore, la période glaciaire; ils devront repasser, pour la troisième fois, par les « *conditions déterminantes* », qui les avaient fait monter de « *Préhomo* » à « *Homo primus* », pour pouvoir atteindre à l'état d' « *Homo tertius* ».

Que le lecteur accepte ou non mes suggestions, il devra, s'il est de bonne foi, tout au moins reconnaître dans la formation de mon hypothèse générale, une méthode et une logique absolument régulières; ce sont toujours les *mêmes causes* qui produisent les *mêmes résultats* et je n'ai pas toujours recours, comme dans les hypothèses des physiciens et des chimistes, à des hypothèses nouvelles, plus ou moins fantaisistes, pour résoudre, au fur et à mesure, les nouvelles difficultés qui peuvent se présenter.

Au moment du cataclysme, qui devait engloutir, sous les flots de la mer, l'Atlantide avec sa merveilleuse civilisation, l'Hyperborée se trouvait donc peuplée par des hommes de race ibérienne; mais, tout en conservant les caractères généraux de cette race, les habitants de l'Hyperborée avaient déjà légèrement varié et se trouvaient, en quelque sorte, préparés à la suprême épreuve par laquelle ils devaient passer pour atteindre à la race blanche.

La disparition de l'Atlantide détermine une période glaciaire localisée à l'Hyperborée, période glaciaire dont celle du Groenland peut nous donner une idée, et en plus, un refroidissement général dans tout le nord de l'Europe.

La baisse progressive de la température détermine l'émigration au sud des populations ibériennes ichtyophages qui constituaient les foyers de multiplication de cette race.

La Grande-Bretagne est abandonnée par ses habitants, et toutes les côtes du nord de l'Europe se vident.

Il se produit une descente en masse vers le midi, à la recherche d'une température plus clémente, et ces migrations déterminent une poussée générale vers l'orient.

Les habitants de l'Hyperborée, dont les communications avec la Grande-Bretagne ont été coupées à la suite du cataclysme, sont enfermés dans leur île et doivent y passer toute la durée de la période glaciaire.

L'Islande faisait-elle partie intégrale de l'Hyperborée ou formait-elle une île à part? La seconde supposition paraît la plus probable et dans le cas où elle aurait été peuplée avant le grand cataclysme, la population entière aurait disparu pendant la période glaciaire ; des recherches ultérieures permettront peut-être de résoudre la question.

En tout cas, la nature essentiellement volcanique de l'Islande nous donne une idée de ce que devait être l'Hyperborée.

Si cette grande terre put résister et ne pas partager le sort de l'Atlantide avant une longue série de siècles, il n'en est pas moins certain que son sol dut être profondément bouleversé, que les anciens volcans rentrèrent en activité et purent persister dans cet état, peut-être jusqu'à la catastrophe finale qui devait engloutir l'Hyperborée.

Autour de ces volcans, en pleine activité pendant la période glaciaire, se seraient alors formées de véritables « oasis de chaleur et de verdure » où put persister une végétation admirable au milieu des glaciers.

Il faudrait le prodigieux génie de « *Wells* » pour reconstituer, *scientifiquement*, l'histoire de l'Hyperborée pendant la période glaciaire.

Une île, peut-être aussi grande que l'Angleterre, qui se recouvrait d'un manteau de neige, dont l'épaisseur augmentait toujours; au milieu des neiges, des volcans, en pleine activité, vomissant des torrents de laves qui s'ouvraient un chemin, au milieu des neiges, pour couler jusqu'à la mer, en dégageant sur les bords des torrents de vapeurs.

Tous les animaux sauvages affolés se concentrant vers les alentours des volcans; les luttes terribles entre les hommes et ces bêtes féroces; puis la disparition progressive de tous les animaux, et un silence de mort venant régner sur ces grandes plaines glacées.

Une fois qu'une première sélection eut éliminé les « *faibles* » et les « *non-prédisposés* », le restant de la population, parfaitement acclimatée, se trouva dans des conditions idéales pour la multiplication, car la nourriture redevenant ichtyophagique, les aliments ne vinrent jamais à manquer.

A cette époque, contemporaine de l'apogée de la civilisation de l'Atlantide, les Ibères du Nord devaient avoir quitté l'état sauvage déjà depuis de longues années; d'autre part on peut supposer, avec un haut degré de probabilité, que des Atlantes fuyant sur mer, grâce à leurs navires, devant le cataclysme, aient pu atteindre la terre d'Hyperborée et y apporter avec eux le fruit de leur civilisation cinquante fois séculaire.

Au point de vue du croisement, la quantité infime des Atlantes réfugiés en Hyperborée était insuffisante pour produire le moindre résultat, mais leur présence à elle seule apportait avec elle tout le bagage héréditaire, scientifique, industriel et agricole de toute la race atlantique. Il put alors se former en Hyperborée un centre d'aristocratie sophocratique qui organisa la défense contre les rigueurs du climat, socialisa la masse de population affolée incapable de résistance, établit des lois, régla le mode de vie et put arriver ainsi, pendant les siècles que dura la période glaciaire, à un degré de civilisation scientifique dont nous ne pouvons même pas nous faire une idée.

Nous avons dit que l'hypothèse de l'Hyperborée s'imposait; elle s'impose. en effet, pour expliquer d'une part l'apparition de la race blanche sur la terre et d'autre part les différences *énormes* qui existent entre le psychisme de la race blanche et celui des autres races.

Ces différences ont des causes; aussi, après avoir déterminé et classé ces différences, devons-nous en chercher les causes rationnelles pour pouvoir ainsi reconstituer les « *conditions déterminantes* » qui ont présidé, dans l'Hyperborée, au passage d' « *Homo secundus* » à « *Homo tertius* ». Il est nécessaire d'insister d'abord sur le fait qu'étant donnée la très grande quantité de croisements qui se sont produits entre la race blanche pure et les autres races, nous devons, pour établir les différences dont nous venons de parler, ne comparer entre eux que des individus appartenant à des races qui se sont conservées parfaitement pures, car, par les croisements, les différences s'atténuent et finissent par disparaître; ainsi, par exemple, il serait parfaitement ridicule d'aller chercher le type sémite pur parmi les israélites d'Europe; de plus, en ce qui regarde le côté moral, il faut tenir compte de l'énorme influence de l'éducation et de l'esprit d'imitation et de ne pas aller chercher, comme point de comparaison pour les races négroïdes, un nègre américain transformé par trois siècles d'éducation.

La caractéristique morale de la race blanche est l'« ALTRUISME », et si l'on vient à analyser les différences subsidiaires, on constate qu'elles peuvent toutes être réduites à l' « *altruisme* », dont elles ne forment que des cas particuliers.

Au point de vue social, l' « *altruisme* » amène la race blanche à l'adoption *exclusive* de la monogamie; en effet, quelque loin que nous remontions dans les traditions historiques de cette race pure, nous n'y rencontrons *jamais* la moindre trace de polygamie; le cas passager des mormons ne peut être opposé comme exception, car si jamais une race fut croisée, c'est bien celle des colons qui peuplèrent l'Amérique du Nord; du reste, en principe, ce n'est pas dans les colonies qu'il faut aller chercher des races pures.

Tout au contraire, nous trouvons partout la polygamie chez « *Homo secundus* » et principalement chez les Berbères pasteurs nomades; la monogamie est la propriété exclusive d' « *Homo tertius* ». Les races blanches pures ne se rencontrent plus que dans le nord de l'Europe, car c'était là que se trouvaient ses foyers de multiplication d'origine.

Les races établies sur les bords de la Méditerranée ne ne sont pas pures, car elles sont le résultat du croisement des premiers Ibères du Midi avec les colons atlantes, puis avec les races blanches qui arrivaient du Nord.

Pour retrouver des Ibères à peu près purs, il faut aller les chercher parmi les montagnards comme les Basques des Pyrénées.

Pour comparer maintenant la race blanche avec la race berbère, il faudrait aller chercher la première en Norvège et la seconde en Arabie, dans le Darfour et au nord du Tchad; et surtout ne pas confondre les Berbères avec le peuple d'Israël, qui se trouve avoir pour point de départ la masse hétéroclite réunie par Moïse et unifiée par la circoncision et non pas par une communauté d'origine.

Alors seulement, dans les susdites circonstances, les comparaisons faites, en ce qui regarde les mœurs, les croyances, l'état social et les diathèses psychiques, peuvent donner des résultats scientifiques.

Nous rencontrons le second résultat de l'« *altruisme* » dans l'« *affection en dehors de la parenté* », soit l'origine de la « *confraternité générale* » qui aboutit au « *tous les hommes sont frères* », système qui mène à l'égalité politique et en religion à la maxime : « *Aimez-vous les uns les autres* ».

Le troisième résultat est la « *sociabilité* ».

Le quatrième résultat de l'« *altruisme* », son point d'apogée, est « *le désir de faire participer les autres races aux résultats acquis par la sienne propre* » et ce désir aboutit aux « *Vocations d'apostolat* ».

En somme « *Homo secundus* » est *égotique* » et « *Homo tertius* » est devenu *altruiste*.

Le résultat une fois fixé, les « *causes déterminantes* » sont faciles à établir et nous pouvons considérer comme *fait acquis* que l'« *altruisme* » a été imposé aux habitants de l'Hyperborée comme une condition vitale, comme un *sine qua non* de la résistance.

Pour pouvoir résister aux nouvelles conditions, l'*Egotisme* devait céder le pas à l'*altruisme* ; les égoïstes invétérés disparaissaient et les altruistes seuls arrivaient à se maintenir, ce qui revient à dire que, pour résister aux nouvelles conditions, les habitants de l'Hyperborée, pendant la période glaciaire, se trouvèrent mis dans la « *nécessité de s'entr'aider* ».

A la fin de la période glaciaire, la dépigmentation est complète ; la race blanche est définitivement formée avec ses cheveux blonds et ses yeux bleus si caractéristiques.

La population était devenue extrêmement dense, par suite des excellentes conditions dans lesquelles elle se trouvait placée, en ce qui regarde la multiplication ; aussi, dès que la végétation, reprenant avec force, eut produit les bois nécessaires à la construction d'embarcations d'un tonnage suffisant, le gouvernement d'Hyperborée organisa l'émigration en masse de la surpopulation qu'il envoya s'établir sur les bords de la mer, sur tous les points où ils s'étaient primitivement multipliés pendant la seconde période.

Les stations s'échelonnèrent sur toutes les côtes de la Grande-Bretagne, des côtes du nord de la France, les bords de la Mer du Nord et de la Baltique.

Nous considérons cinq foyers principaux de multiplication de la race blanche :

I. LE FOYER CELTIQUE sur les côtes de la Grande-Bretagne et les côtes françaises de l'ancienne province de Bretagne.

II. LE FOYER GAULOIS, de l'embouchure de la Seine à l'embouchure du Rhin.

III. LE FOYER GOTHIQUE, du Rhin aux détroits des Belts.

IV. LE FOYER SCANDINAVE, en Scandinavie.

V. LE FOYER SLAVE, dans la Baltique.

Ce sont dans ces cinq foyers que se sont multipliées les populations de race blanche qui allaient envahir l'Europe, une partie de l'Asie et de l'Afrique.

Estimant la population de chaque foyer à 2,500 couples, soit 5,000 individus, et prenant un indice de multiplication capable de doubler la population en cinquante ans, nous obtenons, pour chaque foyer :

0	5,000
50	10,000
100	20,000
150	40,000
200	80,000
250	160,000
300	320,000
350	640,000
400	1,280,000
450	2,560,000
500	5,120,000

Chaque foyer passe en mille ans de 5,000 à 5,120,000, soit de 25,000 à 25,600,000 pour toute la race blanche.

Dans la «*grande hypothèse*», la disparition de l'Atlantide est fixée à 9,000 avant notre ère; si nous comptons 1,000 ans entre cette date et la première sortie de l'Hyperborée, nous voyons qu'il reste encore 4,000 ans avant les temps historiques des premières dynasties égyptiennes; la race blanche, malgré toutes sortes d'accidents et de cataclysmes locaux, avait donc plus de temps qu'il ne lui en fallait pour fournir le nombre d'individus nécessaire à ses migrations.

Ces chiffres ne sont donnés, bien entendu, qu'à titre d'indication générale pour que le lecteur puisse se faire une idée des choses.

Pendant la période hyperboréenne, la masse de la population avait été dressée à l'obéissance passive aux lois et les cerveaux, façonnés dans un certain sens et une certaine direction, avaient reçu *une empreinte ineffaçable*; mais *seule* l'aristocratie intellectuelle, produite par sélection, avait profité des progrès scientifiques.

Le système du gouvernement, absolument *sophocratique*, réservait, pour un petit nombre d'élus, le bagage scientifique et la puissance morale, qui en était la conséquence.

Il en résulta que les émigrants, une fois réinstallés dans leurs anciens foyers de multiplication, à des centaines de lieues de l'Hyperborée, restèrent dans un état de stagnation morale, sous la direction de quelques chefs délégués par le gouvernement central.

Aussi, dès que les effets de retours ancestraux d'ordre psychique commencèrent à se produire, les chefs de station ne se trouvèrent plus en mesure de faire exécuter leurs ordres d'une façon effective, faute de force matérielle pour se faire obéir.

Ils furent rapidement débordés, souvent massacrés, et les nouvelles races blanches, tout en conservant, *à l'état latent, l'empreinte ineffaçable* qui les caractérisait et devait leur permettre, un jour, de conquérir le monde, retournèrent en quelque sorte à l'état sauvage.

Les traditions nous ont conservé, sous le nom de déluge, le souvenir d'un cataclysme, dont il est malheureusement bien difficile de fixer la date.

Je place la disparition de l'Hyperborée à la même date, considérant que le cataclysme signalé par les traditions devait être le contre-coup, en Asie Mineure et en Chine, de la disparition de l'Hyperborée.

On trouve dans les histoires de l'Amérique centrale la trace très nette d'un apostolat blanc de l'extrême nord et dont les membres, chassés de leur habitat par un cataclysme, ont éprouvé, pendant un très long voyage, des difficultés inouïes.

Ces histoires, convenablement interprétées, devront nous livrer un jour le récit de la fuite éperdue d'un groupe d'Hyperboréens, échappés à la grande catastrophe, et peut-être, ainsi, pourrions-nous obtenir une date certaine pour la disparition de l'Hyperborée.

Après la disparition de l'Hyperborée, les chefs de stations et les quelques membres de l'aristocratie intellectuelle qui, se trouvant sur le continent, avaient échappé à la catastrophe, durent abandonner les populations de race blanche devenues impossible à gouverner.

Ils durent se grouper pour voir à utiliser leur supériorité scientifique et morale en tentant, par des apostolats, d'aller former des noyaux de civilisation chez des races inférieures, et, par cela même, plus facile à impressionner et à gouverner, tout en mettant en pratique leur système de reproduction par sélection, pour améliorer la race.

La langue boréale (*indo-européenne des auteurs*) se fixa définitivement pendant le séjour dans l'Hyperborée et, à l'origine, les cinq foyers de multiplication, soit les foyers celtiques, gaulois, gothique, scandinave et slave, parlaient tous la même langue qui évolua, peu à peu, en se spécialisant, pour former les dialectes que nous connaissons.

Dès leurs premières migrations au sud et à l'est, les races blanches sont entrées en contact avec les races ibériennes et se sont entre-croisées.

Ces deux races avaient chacune une caractéristique morale bien tranchée et qui permet facilement de les distinguer l'une de l'autre.

La race blanche est une race à prédominance psychique qui cherche à dominer et à gouverner par suggestion.

La race ibérienne, au contraire, est la race des « *Titans* », la race de l'âge de fer, qui cherche à dominer par la force brutale et toujours, les armes à la main.

Dans les croisements entre ces deux races, c'est l'influence ibérienne qui l'emporte comme nous allons le voir par des exemples très frappants.

Les apostolats blancs sont les apostolats de la suggestion où le *très petit nombre* domine par sa *force morale*.

Dans la race ibérienne, c'est l'*apostolat par le fer*.

Exemples :

I. — Croisement de la race blanche descendant du nord avec les Ibères localisés sur les bords de la Méditerranée.

Empire Latin, conquête par les armes. « *Solitudinem faciunt, pacem appellant.* »

II. — Croisement des races blanches émigrant à l'est avec les Ibères du sud-est.

Alexandre le Grand.

Cyrus.

III. — Croisement des races jaunes avec les Ibères caspiens :

Attila, roi des Huns.

IV. — Croisement des Ibères et des Berbères.

Le résultat produit les *Bédouins* qui, seuls, permettent la conquête musulmane, car jamais les pasteurs nomades de race pure n'auraient quitté leurs brebis et leurs chameaux pour aller courir le monde.

V. — La conquête du nouveau monde par les Espagnols chez lesquels prédominent les éléments ibériens.

Les apostolats blancs.

I. — L'apostolat général des Gaules, sous le nom de « *Druides* ».

Le caractère spécial de cet apostolat est l'emploi de la femme vierge *en état hypnotique* pour la transmission des ordres des chefs de l'apostolat.

II. — Le grand apostolat de Yahvé.

Essai de civilisation tenté sur les races ibériennes localisées au sud de la Caspienne.

Désorganisation de l'apostolat par la révolte de Qin.

Qin représente la race des Titans constructeurs de dolmens.

Le groupe Qin donne deux branches :

A. Branche sud, entre en lutte avec le royaume de Sumer et fonde l'empire assyrien.

B. Branche locale, les Mèdes.

L'apostolat reste avec la branche Hébélienne, constituée en partie par croisement, grâce au procédé de Yahvé (loi sur la génération des existences, *Eugénésie*).

Deux branches :

A. Branche orientale = Ariens védiques.

B. Branche locale = Zoroastre.

III. — Apostolat X (?).

Conquête d'Egypte par les « Taméhou » (?).

IV. — Apostolat de Moïse (apparenté à l'apostolat de Yahvé).

V. — Apostolat de Çakya-Mouni.

VI. — Apostolat d'Yssa (Jésus) (apparenté à l'apostolat de Moïse et de Çakya-Mouni.

NEUVIÈME ÉTUDE

Le milieu de la troisième période.

LES AMAZONES.

L'étude des « *Amazones* » permet d'examiner la première et seule tentative, faite jusqu'ici par le sexe féminin, pour conquérir le pouvoir.

Comme nous l'avons dit, la race blanche d'Hyperborée
a pour caractéristique l'emploi de la suggestion psychique, comme mode d'action gouvernementale, en
opposition avec la force brutale qui appartient en propre
à la race ibérienne.

Mais cette méthode de persuasion, qui avait si bien
réussi à l'aristocratie sophocratique, durant le séjour de
l'Hyperborée, où les conditions étaient toutes spéciales,
était loin de donner d'aussi bons résultats dans les Gaules,
où s'étaient déjà produits de nombreux croisements avec
les Ibères, et cette nouvelle race croisée était infiniment
moins docile.

Pour augmenter l'effet produit, les membres de l'apostolat eurent alors recours au système des « *Prophétesses* », qui consistait à prendre comme intermédiaires
des jeunes vierges en état d'hypnose, qui, suggestionnées
d'avance, annonçaient aux chefs, solennellement ras-
semblés, la volonté divine, qui n'était, naturellement,
que celle des chefs de l'apostolat.

Ils avaient organisé, à cet effet, des sortes de collèges
de jeunes vierges, soigneusement sélectionnées, spécialement éduquées depuis leur enfance, et, avec elles, ils
pouvaient obtenir des résultats surprenants, bien faits
pour impressionner et pour frapper l'imagination des
chefs de l'époque.

Ils avaient trouvé là l'occasion d'appliquer leurs

méthodes favorites d' « *Eugénésie* » ; aussi, les jeunes vierges, une fois leur période de travail terminée, étaient soigneusement mises à part et gardées et ne pouvaient s'unir qu'avec leurs frères ou leurs cousins germains, de façon à spécifier davantage les qualités propres qui étaient jugées nécessaires à leur carrière.

Les Druides étaient arrivés ainsi à développer, jusqu'au suprême degré, les qualités spéciales qui venaient faire de ces jeunes vierges des sujets hypnotiques de tout premier ordre ; aussi les chefs de l'apostolat pouvaient-ils obtenir de leurs « *sujets* », dans les phénomènes hypnotiques, une intensité dont nous pouvons à peine nous faire une idée.

Il arriva ce qui devait arriver ; certaines de ces « *Prophétesses* » prirent une autorité personnelle énorme sur les chefs et sur les populations et elles cherchèrent alors à secouer le joug des chefs de l'apostolat pour exercer elles-mêmes une autorité souveraine, et telle est l'origine de la première tentative faite par la femme pour supplanter le sexe mâle, tentative qui devait aboutir, comme nous allons le voir, d'abord à la gynécocratie, puis au royaume des Amazones.

On peut, avec infiniment de probabilités, placer cette première tentative dans les Gaules, tentative qui dut aboutir à une séparation et à une migration par la vallée du Danube, car c'est en Thrace que nous entendons parler pour la première fois d'un établissement gynécocratique.

Par suite de la perte de la haute et savante direction des chefs de l'apostolat et par suite des contacts répétés avec les Ibères, de nombreuses modifications s'étaient produites.

Les vierges hyperboréennes, sous la conduite de leurs mères, qui jouaient le rôle des chefs de l'apostolat, s'étaient entourées d'une nombreuse suite de femmes de race ibérienne ; elles vivaient à part, mais, sauf en ce qui regarde les rapports masculins, leur vie, comme il est facile de le comprendre, était loin d'être chaste.

Elles exerçaient une véritable suzeraineté religieuse sur toutes les populations ibériennes qui vivaient à l'entour et ne prenaient contact avec les chefs des tribus voisines que certains jours de l'année afin d'assurer la reproduction de la race; les garçons étaient rendus aux pères vers l'âge de cinq ans et les filles étaient gardées.

Leur nombre augmentait rapidement ainsi que leurs richesses et leur autorité; aussi les chefs religieux voisins commencèrent-ils à les jalouser, puis à les redouter, puis, enfin, formèrent une coalition et leur déclarèrent une guerre acharnée.

Après avoir résisté pendant un certain temps, elles durent reprendre leur migration vers l'orient et nous les retrouvons plus tard en contact avec les Ibères caspiens, puis établies au milieu d'eux.

C'est sur ce point qu'elles prirent pour la première fois le nom d' « Amazone ».

Vers la fin de la guerre qu'elles soutenaient contre les grands prêtres de la Grèce, elles durent, pour assurer leur sécurité personnelle, se constituer une garde de femmes armées, garde qui bientôt s'augmenta jusqu'à former une véritable force armée avec laquelle elles n'hésitaient pas à attaquer les tribus voisines qui refusaient de reconnaître leur suzeraineté.

Sous l'influence ibérienne, le régime de la suggestion hypnotique tomba complètement en désuétude pour être remplacé par le régime de la force brutale.

Les Amazones eurent tôt fait de se rendre odieuses à tous leurs voisins qui se liguèrent contre elles, pour les chasser du pays; elles reprirent alors leurs pérégrinations, se dirigèrent vers le sud-sud-est et nous les retrouvons plus tard fondant des établissements en Lybie.

Chassées de nouveau, elles se dirigent à l'ouest, prennent contact avec les Berbères et fondent un nouvel empire dans le sud-sud-est du Maroc, où nous retrouvons encore de nos jours la prédominance de la descendance dans la ligne maternelle, ainsi que d'autres coutumes dont l'origine gynécocratique est patente.

Là encore elle se font chasser, descendent au sud, prennent contact avec les races négroïdes qui déjà depuis longtemps leur avaient servi, pour y recruter un corps de femmes guerrières qui servaient à la défense personnelle de leur reine, traversent le fleuve Sénégal et cherchent à s'établir dans l'ouest africain tropical.

Cette descente au sud est très certainement due à l'influence qu'avait dû prendre la sorte de *garde préto-rienne de race noire* établie pendant le séjour dans le nord de l'Afrique; nous finissons par les retrouver au service des rois nègres du Dahomey.

Relevant, pour résumer, les traces de leurs migrations, nous trouvons : Gaule-vallée du Danube-Thrace-mer Noire-Lybie-Sahara marocain-Côtes d'Ivoire avec prises de contact successives avec les races Ibères, Ibères caspiens et négroïdes.

Leur odyssée lamentable n'a pas encore trouvé son « *Homère* » et pourtant, en cherchant bien, on pourrait trouver suffisamment de documents pour écrire leur histoire.

Pendant les longues années d'études qui m'ont été nécessaires pour rédiger les quelques pages de ce livre, j'ai fait bien des recherches et scruté les plus antiques traditions en y appliquant les procédés les plus précis de l'analyse scientifique, aussi j'ai trouvé bien des choses curieuses et inattendues et j'ai pu soulever bien des voiles.

J'ai retrouvé, çà et là, la croyance à un état plus parfait de l'humanité à venir, à un nouveau et futur passage de l' « *Homo tertius* » à l' « *Homo quartus* », mais dans des conditions différentes et très particulières.

Sans y attacher d'autre importance que celle d'une prévision basée sur une connaissance de l'évolution humaine bien plus parfaite que nous ne pourrions le supposer, je veux signaler une « *curiosité* » qui pourra, après la triste histoire des Amazones, apporter un peu de consolation et d'espérance aux femmes intelligentes qui s'occupent et pensent à l'avenir de leur sexe et au rôle qu'il pourra être appelé à jouer un jour.

Bien entendu, je n'entends pas parler, en ces termes flatteurs, des « *suffragettes* » ni des « *sottes pécores* » qui rêvent de prendre une part active au « *suffrage universel* », cet *attrape-nigaud* sublime grâce auquel un gouvernement français « *pince-sans-rire* » est arrivé à faire croire aux Français qu'ils se gouvernent eux-mêmes; je parle ici aux femmes de bon sens, à l'esprit éclairé et scientifique, qui *pressentent* qu'elles ont une grande et mystérieuse mission à remplir.

J'ai trouvé la croyance à un « *Messie femme* » auquel il est fait allusion sous le nom de « *Celle qu'attend l'humanité* » et, chose curieuse, l'idéogramme de ce nom est toujours accompagné de l'idéogramme du *savoir*, c'est-à-dire de la *science*.

J'ai aussi retrouvé les *signes* qui permettent de reconnaître ce « *Messie femme* », mais ces signes je me garderai bien de les dévoiler, car la nature humaine est ainsi faite que nombreuses seraient les femmes qui voudraient s'y reconnaître et s'en iraient peupler les maisons de santé qui ont déjà bien assez à faire sans cela.

DIXIÈME ÉTUDE

Les Indes au milieu de la troisième période.

KRICHNA ET ÇAKYA MOUNI

Les Indes ont été peuplées par les races suivantes :
I. La race négroïde « *Homo primus retrogradus* ».
II. Une première migration de l'ouest à l'est d' « *Homo*

secondus europeanus » qui arrive des bords de la Caspienne, refoule au sud les populations négroïdes et donne lieu à des croisements au contact.

III. Des Ibères du nord de l'Europe, la race des dolmens, qui refoulant les Berbères à l'est-sud-est se mêlent et forment des croisements.

IV. Une descente en Cochinchine d' « *Homo secundus asiaticus* », race jaune, avec croisements berbéro-ibériens au contact.

Une colonie atlante au sud, Ceylan, vient former un premier empire, bientôt détruit par les Ibères (épopée de Ramayana).

Au moment de l'arrivée de l'apostolat abélien de Yahvé, les Indes sont divisées en deux groupes, qui forment deux sortes d'empires féodaux, sous les noms de « *race lunaire* », race des Berbères caspiens, et « *race solaire* », race des Ibères des dolmens.

Après de nombreuses luttes, les Ibères l'emportent pour former le grand empire des Indes avec le système féodal et un très grand nombre de tribus isolées qui conservent une indépendance absolue.

Epopée de Krichna.

Cette épopée est une révolution populaire, ethnique et religieuse, qui peut se résumer en quelques lignes.

L'élément religieux brahmanique a formé et dirigé la royauté; la royauté une fois solidement établie cherche à s'affranchir et à se débarrasser de toute tutelle religieuse.

Les Brahmanes, pour reconquérir l'autorité qui leur échappe, cherchent un point d'appui, tout à la fois, dans la population et chez les Berbères, pasteurs, de la race lunaire.

Krichna est « *inventé* » par les Brahmanes pour arriver au résultat cherché.

Le nom de *Krichna* (Krichna = noir) et son surnom de Kapila (Kapila = couleur bronze) caractérisent la race de « *Krichna* »; Krichna est de *race berbère*, brunie par le soleil de l'Inde.

Il est élevé et éduqué chez les *pasteurs berbères*.

Il est supposé avoir des droits au trône par sa mère, une des favorites du dernier roi; grâce à une révolte populaire, fomentée par l'élément brahmanique, il s'empare du pouvoir et rétablit l'autorité religieuse.

Le mépris hautain avec lequel Krichna est traité ultérieurement par les princes féodaux de race ibérienne, confirme sa naissance.

Ce n'est que très longtemps après, quand tout souvenir historique est effacé que «*Krichna*» fut divinisé.

C'est surtout après l'arrivée du Bouddha que les Brahmanes songent à diviniser «*Krichna*» pour l'opposer à « *Çakya-Mouni* ».

La mère de Krichna devient une vierge, fécondée par *Brahma lui-même*, car tel est l'usage en cas de «*divinisation*»; la mère reste, car est-elle indispensable pour la mise au monde, mais le père disparaît et, grâce à une fécondation divine, on arrive à la « *Vierge-mère* ». En somme, les Brahmanes ont, après coup, *Bouddhisé* Krichna pour faciliter la destruction du bouddhisme en remplaçant Çakya-Mouni par un Krichna qui arrivait à lui ressembler comme deux gouttes d'eau; ce qui leur était d'autant plus facile que les bouddhistes avaient, de leur côté, légèrement «*Krichnaïsé*» Çakya-Mouni.

LE BOUDDHA ÇAKYA-MOUNI.

La morale bouddhique est *l'essence même* de l'altruisme, et peut se résumer en deux mots :

Renonciation.

Amour du prochain.

Tous les systèmes philosophiques et ésotériques, édifiés après coup, longtemps après la mort de Çakya-Mouni, ne doivent pas être considérés quand il s'agit de pénétrer dans le cerveau du GRAND APÔTRE, qui aurait protesté de toutes ses forces s'il avait pu deviner tout ce qu'on lui ferait dire plus tard.

Il est *biologiquement* impossible que la doctrine de Çakya-Mouni soit sortie du cerveau d'un homme de la race d'« *Homo secundus* »; le Bouddha Çakya-Mouni est de race blanche, «*Homo tertius*», car *seul* un homme de race blanche a pu concevoir la morale bouddhique.

Un cerveau « *berbéro-ibère* » ne peut pas plus concevoir la morale bouddhique qu'une négresse ne peut concevoir un enfant à peau blanche aux yeux bleus et aux cheveux blonds; seulement, dans le second cas la *constatation* se fait par *les yeux*, tandis que dans le premier la *constatation* se fait *directement* par le *cerveau*, au moyen d'un raisonnement psychique, mais dans le fond, les deux cas sont *identiques*.

Comme il est infiniment plus facile de *constater par la vue* que par un *processus cérébral*, le second cas est universellement admis, tandis que le premier laisse les masses sceptiques.

Suivant la règle générale, l'histoire de Çakya-Mouni s'est conservée longtemps par tradition orale et n'a été écrite que lorsque les souvenirs historiques avaient complètement disparu et les origines étaient enveloppées d'un épais brouillard.

Il est facile de pénétrer la pensée du rédacteur et de comprendre le but qu'il avait en tête; la base du bouddhisme est la «RENONCIATION», il était donc absolument nécessaire, il était même indispensable que le fondateur du bouddhisme pût donner l'exemple d'une *renonciation* portée jusqu'au suprême degré et, pour obtenir ce résultat, le rédacteur s'est trouvé dans l'*obligation* de faire de Çakya-Mouni l'héritier d'un *royaume*, afin qu'il pût *renoncer* à un *royaume*.

Le rédacteur a pensé que, ne donnant à Çakya-Mouni un *royaume à venir*, que pour y *renoncer aussitôt*, cela n'avait pas grande importance historique; il n'y avait, en effet, rien de changé dans l'ordre de la dynastie, car on donnait au roi un fils *supplémentaire*, qui entrait dans les ordres et disparaissait aussitôt pour laisser la place à l'héritier véritable; cette introduction de Çakya-Mouni [1] pouvait donc passer presque inaperçue.

Au point de vue de l'étymologie du nom de « *Cakya-Mouni* », nous trouvons :

1° « *Muni* » (prononcer *Mouni*) = Solitaire, anachorète, ascète; ce nom est donné aux anciens sages béatifiés, à cause de leur science ou de leur autorité.

« *Muni* » est donc un qualificatif de « *Çakya* ».

Cak = (avec l'*a* bref) = pouvoir, possession.

« *Cakti* » = pouvoir, pouvoir d'agir, pouvoir royal.

On peut donc prendre comme étymologie, «*Cak*» avec le sens de *possession* et traduire le nom de « *Çakya-Mouni*» par « *celui qui possède l'état de sage* » soit le «*sage*», le « *saint*».

Maintenant nous remarquerons que « *Caka* » (avec l'*a* bref) est un nom de pays, *dont les rois portent le nom de* « *Çâkyâ* » (avec l'*â* long).

On voit comme il devient facile de confondre :

« *Çakya Muni* »; le sage, le *possesseur de la sagesse*, avec :

«*Çâkya Muni*»: le sage de la famille de « *Çâkya*» du pays de « *Caka*».

En plus, de la nécessité de donner un exemple de «renonciation», il y avait aussi, en conférant au Bouddha le titre de prince, l'avantage de le mettre, pour la naissance, sur un pied d'égalité avec «*Krishna*» dont l'origine royale était passée à l'état de dogme, dans les milieux brahmaniques.

---

(1) En français, les auteurs ont pris l'habitude d'écrire *Çakia* mais en sanscrit le mot s'écrit *Çakya*; et comme il s'agit ici d'étymologie, j'ai pensé qu'il était préférable d'écrire *Çakya*.

Le bouddhisme n'a pas eu aux Indes une bien longue durée; son apogée paraît coïncider avec le règne d'«Açôka»; puis, sous l'effort du brahmanisme, le bouddhisme disparaît peu à peu tout en se répandant par le monde, grâce aux apostolats.

Il est tout particulièrement intéressant de remarquer que, de même que pour le christianisme, le bouddhisme a pris naissance dans un pays où il ne put se développer et dut aller chercher ailleurs un terrain de culture qui lui fût favorable.

Dans les deux cas, bouddhisme et christianisme, les apôtres doivent aller semer la graine par le monde pour trouver la terre où elle pourra germer, et cette constatation d'un fait historique fournit un nouveau moyen pour déterminer la race à laquelle appartient le fondateur.

On retrouve un peu partout des traces du bouddhisme, en Norvège et jusqu'en Amérique centrale; mais le christianisme, fondé, lui aussi, sur la *renonciation* et *l'amour du prochain*, arrêta l'essor du bouddhisme, qui vint alors se localiser chez les races jaunes.

La «*brahmanisation*» du «*bouddhisme*», opérée dès la mort de Çakya-Mouni, l'a empêché de convenir aux races blanches et il en aurait très certainement été de même pour le christianisme, sans l'influence toute-puissante de saint Paul, qui a *arrêté net* la *sémitisation*, qui commençait à se produire dès après la mort du Christ; le grand apôtre de l'Europe arriva à maintenir la pureté de la morale chrétienne et l'empêcha d'être pervertie par l'influence du groupe des apôtres d'Asie Mineure; l'influence judaïque fut quand même assez puissante pour imposer le nom de *Pierre* pour le chef de l'église de Rome; mais les érudits savent bien que l'apôtre Pierre, qui du reste ne savait pas un mot de latin et parlait à peine le grec, n'a jamais quitté l'Orient et n'a jamais mis les pieds en Italie.

ONZIÈME ÉTUDE

La méthode scientifique.

Je tiens à répondre par avance à la critique des quelques personnes qui pourront lire le « *Problème des origines* » ; cette série d'études sera certainement traitée de « *Pure fantasmagorie* » et les grands mandarins déclareront, à l'unanimité, que je manque totalement de « *méthodes scientifiques* » et que mon livre ne vaut pas même la peine d'être discuté.

Le mot « *science* » est employé par un nombre de personnes *infiniment grand*, mais le nombre de personnes qui comprennent la signification de ce mot est *infiniment petit*.

Je veux prendre un exemple pour mieux faire comprendre ce que je veux dire :

Un individu se procure, dans un hôpital, le cerveau d'une personne qui vient de mourir ; rentré chez lui il se livre sur ce cerveau à un certain nombre d'opérations techniques, puis il découpe à la machine des tranches extrêmement minces, accomplit une nouvelle série d'opérations qui aboutissent à des préparations pour microscope.

Ceci fait, il examine ces coupes au microscope et reproduit, sur une feuille de papier grillé, l'image de la projection optique qui s'est produite dans son système oculaire.

Cet individu fait-il de la science?

Quatre-vingt-dix-neuf, sinon cent pour cent répondront « *oui* », et je serai seul de mon avis à répondre « *non* ».

Cet individu prépare des matériaux qui pourront servir à celui qui fait de la « *science* », mais là se borne son travail.

L'opération scientifique consiste à établir des associations d'idées, entre celles que feront naître les impressions optiques de la reproduction micrographique, de façon à chercher à en tirer des lois sur le mode de formation et le mode de fonctionnement du système cérébral.

En général, les historiens se contentent de rechercher dans les documents des renseignements touchant telle ou telle particularité, pour ensuite les classer et les reproduire.

Font-ils de la science?

Je répondrai encore négativement, car ils se bornent à préparer des matériaux.

La seule opération scientifique est celle qui consiste dans l'analyse des documents fournis et leur utilisation subséquente pour la formation des associations d'idées.

En somme, partout où le raisonnement manque, la *Science* est absente.

Prenons comme second exemple le récit biblique d'Abraham et de sa descendance.

Ceux qui discutent ces épisodes en admettant à priori la véracité de l'auteur et en considérant comme authentiques tous les détails du récit, se livrent à un jeu d'écolier et leur travail ne peut avoir aucune valeur; c'est un petit travail, pas méchant, très inoffensif mais aussi très puéril et qui ne peut, en aucune façon, être considéré comme scientifique.

Voici comment le travail doit être exécuté :

L'auteur du récit a travaillé sur un canevas, sur lequel était dessiné le récit des faits tels qu'ils s'étaient passés *en réalité*.

Puis, l'auteur s'est mis à *broder* et d'après le but de son ouvrage, d'après la thèse qu'il soutient et désire prouver, il commence par modifier les grandes lignes du dessin.

Ensuite, d'après sa nature, son tempérament, ses tendances, il agrémente, ajoute et enlève des détails, pour faire un ouvrage à sa fantaisie.

Le travail préliminaire à l'étude scientifique va con-
sister :

I. — A établir la nature de l'ouvrage et le but de la
thèse ;

II. — A établir les sympathies et les antipathies de
l'auteur ;

III. — A déterminer le genre et le mode de travail et
mêmes les petites manies de l'auteur.

Alors, et alors seulement, relevant avec soin les invrai-
semblances et les impossibilités du récit, on procédera
au « débrodage » pour retrouver le *dessin primitif* qui
correspond à la *vérité historique*.

Les auteurs qui exposent les documents sans se livrer
à ce travail d'analyse, accomplissent une œuvre très
utile, même *indispensable*; mais le travail est *documentaire*, il n'est pas *scientifique*.

Le but que je me suis proposé, en écrivant ce livre, n'a
pas été de résoudre, du premier coup, un problème d'une
extraordinaire difficulté, mais seulement, et c'était déjà
bien assez, de poser une hypothèse qui puisse répondre à
trois conditions :

I. — N'être en contradiction avec aucune loi naturelle ;

II. — Offrir un maximum de vraisemblance ;

III. — Permettre le classement des faits et leur exposition méthodique.

Quand bien même mon hypothèse serait *archi-fausse*,
elle aura néanmoins les très grands avantages :

I. — De permettre de se faire une excellente idée générale du problème à résoudre ;

II. — De permettre de ranger à sa place chaque nouvelle découverte ;

III. — De montrer 'où se trouvent les principales difficultés ;

IV. — D'indiquer les points vers lesquels doivent se porter
les recherches.

J'ai cherché aussi à montrer, par quelques exemples,
les meilleures façons d'attaquer le problème et les méthodes à employer pour le solutionner.

J'espère avoir démontré l'avantage très grand de classer les races d'après leurs qualités phychiques bien plus
que d'après leurs déterminants anatomiques de façon à
pouvoir les distinguer d'après leurs actions et leurs pro-
ductions.

J'ai caractérisé, par exemple, la race que j'apelle ibérienne, par trois points principaux qui permettent de la
reconnaître partout où elle se trouve, soit :

I. — Par son long séjour aux bords de la mer, séjour
qui tend à lui faire acquérir des qualités mari-
nes ;

II. — Par son apprentissage de la construction titani-
que, en remuant les blocs erratiques pour en
faire des dolmens ; ses prédispositions pour les
constructions en pierres, les fortifications et
l'établissement des villes ;

III. — Par ces tendances guerrières.

J'ai caractérisé aussi les races que j'appelle berbères,
par trois points :

I. — Leur qualité de « Pasteur nomade » qui les obli-
gent à des déplacements continuels, les rédui-
sant à la vie sous la tente et les laissant igno-
rantes de toute autre construction ;

II. — Par le fait que, leurs richesses provenant de leurs
troupeaux, augmentent par la *multiplication
naturelle* ; par associations d'idées, les Berbères
vont chercher la *puissance sociale* par la *multiplication de leur famille* ; puis ils arrivent à la

notion du *capital* représenté par les troupeaux
et de l'*intérêt* représenté par les naissances.

Quand il s'agira du *capital argent* il devra, lui aussi,
faire *des petits*, comme le capital *troupeaux*, et
ce sera par le moyen de l'intérêt; et comme les
petits des petits font des petits, ils comprendront la *puissance formidable de l'intérêt composé*;

III. — Leurs prédispositions à remplacer la *force brutale*
par la *ruse intellectuelle*, ce qui les amène à
ignorer la « bonne foi » et à développer leur
égotisme.

Puis dans la race juive, par suite de l'intervention de
Moïse (race blanche altruiste), ils passent de l'*égotisme
individuel* à l'*égotisme de race*, mais sans pouvoir arriver
plus loin.

Ils deviennent « *altruistes entre circoncis* »; ils s'aiment,
les uns les autres, *entre gens de même race*, sans pouvoir arriver à l'*universalité*.

On peut remarquer à propos de Moïse que, si le rédacteur le rattache généalogiquement à Lévi, il le fait abandonner par sa mère *dès sa naissance* et élever dans la
famille des Pharaons, *comme un propre fils*.

Cette histoire invraisemblable est *extrêmement louche*
et nous engage à rechercher le dessin de la vérité historique, *sous la broderie*.

Le rédacteur, dont nous connaissons déjà la manière,
n'en est pas à un meurtre près, quand il s'agit des Égyptiens; aussi fait-il égorger, dès leur naissance, tous les
enfants mâles d'Israël pour fournir à la mère de Moïse
un prétexte pour abandonner son enfant et trouver une
explication pour le fait que Moïse sera traité par le Pharaon comme un enfant de la maison ; il choisit l'abandon
dans une corbeille sur le Nil, pour trouver l'occasion de
faire un lamentable jeu de mots sur « *Moïse sauvé des
eaux* ».

Au sujet de la naissance de Moïse, on peut faire une suggestion, *très plausible*, qui peut avoir une très grosse importance historique.

Cette suggestion se trouve être la *répétition exacte* de celle proposée pour expliquer, d'une façon rationnelle, l'histoire d'Abraham et de Joseph, et je soumettrai au lecteur, à ce propos, des analogies et des coïncidences très frappantes.

Voici le dessin qu'on peut retrouver sous la broderie.

Marie, fille d'Amram et de Yskebed devient la favorite du dernier Pharaon de race étrangère (Hyksos des auteurs et Taméhou des Égyptiens); elle a un fils du Pharaon et ce fils est Moïse.

Ce dernier Pharaon, de race étrangère, se réfugie dans une des villes du Delta ou de la contrée de Goschen, comme par exemple « *Héroopolis* » avec son fils naturel Moïse, et l'on peut remarquer que, d'après « *Manéthon* », Moïse est désigné comme étant un des grands-prêtres du temple d'Héroopolis, et c'est dans cette ville qu'il pouvait se trouver quand il va servir de porte-parole dans les négociations avec le Pharaon de la nouvelle dynastie.

Voici la généalogie d'après la Bible :

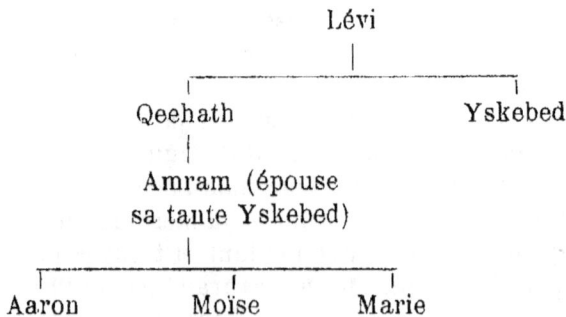

```
                        Lévi
                         |
        ┌────────────────┴────────────────┐
    Qeehath                           Yskebed
       |
   Amram (épouse
   sa tante Yskebed)
       |
 ┌─────┴──────┐
Aaron     Moïse      Marie
```

Moïse est arrière-petit-fils de Lévi par descendance dans la ligne mâle.

Généalogie restituée :

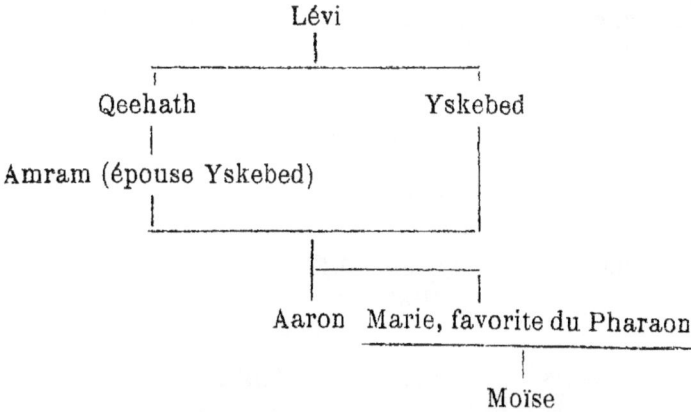

```
                        Lévi
                         |
        ┌────────────────┴────────────────┐
     Qeehath                          Yskebed
        |                                 |
Amram (épouse Yskebed)                    |
        └────────────────┬────────────────┘
                    ┌─────┴─────┐
                  Aaron   Marie, favorite du Pharaon
                    ──────────────────────────
                              |
                            Moïse
```

Moïse, fils de Marie, petit-fils de Yskebed, arrière-petit-
fils de Lévi *par la ligne féminine* ([1]).

C'est la répétition du procédé employé pour Joseph,
soit une *broderie* pour remplacer une descendance féminine par une descendance mâle.

Aaron se trouve alors l'oncle de Moïse par sa mère
« *Marie* ».

Pour faire saisir une série de coïncidences, je dois donner la descendance d'Abraham.

Le lecteur remarquera que le rédacteur ne signale que
deux fois des filles quand il donne les généalogies, une
première fois « *Yiska* », sœur d'Abraham (*est-ce la mère
de Joseph ?*), une seconde fois « *Marie* », sœur de Aaron,
mère de Moïse.

J'avoue que je suis tenté de croire que le rédacteur a
raison en parlant de la *sœur d'Abraham*, seulement ce
n'est pas sa « *femme Saraï* » qu'il fait passer pour sa *sœur*,

---

(1) A signaler une coïncidence étrange : le nom de *Marie* ne vient qu'une
fois dans la Bible, et nous rencontrons : MARIE mère de Moïse ; MARIE mère
de Jésus. Les mères des deux grands apôtres qui se rattachent à l'apostolat de
Yahvé portent LE MÊME NOM.

c'est bien sa *véritable sœur Yiska* qui devient la favorite du Pharaon et la mère de Joseph ; il y a bien la question d'âge ; il faudrait une grande différence d'âge entre
Abraham et sa sœur et, à ce point de vue, la fille est plus
probable.

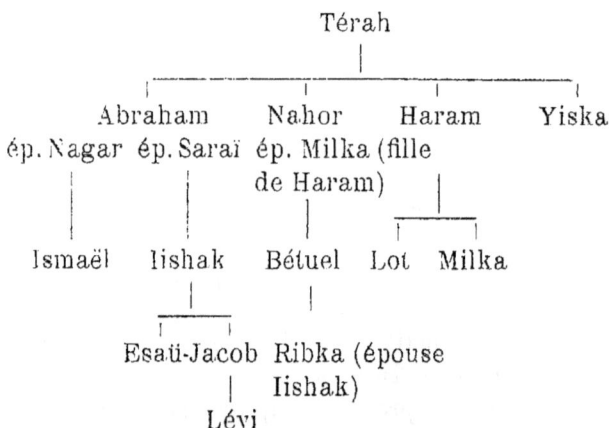

```
                            Térah
                              |
        ┌─────────────────────┼──────────────────────────┐
        |              |            |              |
     Abraham        Nahor        Haram           Yiska
  ép. Nagar  ép. Saraï  ép. Milka (fille
                            de Haram)           |
        |            |            |        ┌─────┴─────┐
     Ismaël       Iishak       Bétuel     Lot     Milka
                    |             |
              ┌─────┴─────┐
           Esaü-Jacob   Ribka (épouse
                 |        Iishak)
               Lévi
```

On peut remarquer comme coïncidence que « *Nahor* »
épouse sa nièce « *Milka* », tandis qu'« *Amram* » épouse
sa tante Yskebed.

Il faut remarquer aussi que, d'après le rédacteur,
Abraham fait une seconde fois passer sa femme Sara pour
sa sœur et que la même histoire recommence ; Sara est
enlevée par le roi Abimélek, puis rendue à son mari avec
de très riches présents ; seulement comme, d'après le
rédacteur lui-même, Sara avait plus de 80 ans quand
elle est enlevée par Abimélek, les goûts de ce roi paraissent un peu extraordinaires et là encore il y aurait à
rechercher le dessin sous la broderie.

Cette suggestion de *Moïse*, fils de Marie et du Pharaon,
confirmerait le fait, déjà historiquement probable, que
les dernières dynasties étrangères qui régnèrent en
Égypte étaient de *race blanche* (Pélasges des auteurs).

Pour en revenir à la distinction des races, les Atlantes se font remarquer par leurs aptitudes commerciales résultant du fait qu'ils ont été les premiers à échanger les produits de leur terre natale, *exportés* contre les produits des autres pays.

Leurs prédispositions pour l'écriture, écriture qu'ils avaient été *obligés* d'inventer pour les besoins de leur commerce.

La tendance à la colonisation et à l'utilisation des races négroïdes par la « *domestication* ».

La race jaune est caractérisée par sa « *permanence d'état* » et la densité de sa population.

Cette densité, en les rapprochant les uns des autres, les entraîne vers la sociabilité et nous retrouvons chez cette race, « *en lenteur* » le processus qui s'est produit « *en vitesse* » dans la race blanche, pendant le séjour en Hyperborée, à la suite du troisième baptême du froid.

Le cerveau de la race jaune est celui qui se rapproche le plus du cerveau de la race blanche, car les mêmes causes ont produit les mêmes résultats ; il n'y a eu qu'une différence de *vitesse*.

La race jaune tend vers l'altruisme et vient sur ce point directement après la race blanche.

Le bouddhisme, qui, malgré des modifications, ne peut s'implanter aux Indes dans les races ibéro-berbères, va trouver, chez les jaunes, un bon terrain pour s'y développer et pourra, au Thibet, y conserver une partie de sa pureté primitive.

Au contraire, la religion musulmane, qui retrouve aux Indes un élément berbère, va y prendre tous les jours une nouvelle extension, comme elle le fait en Afrique dans les races croisées de nègres et de berbères.

Les opinions que j'énonce sont, je le constate à regret, en opposition formelle avec celles qui ont cours ; je n'ai marqué nul respect pour le fameux dicton « *ex oriente lux* » et ne parais pas y attacher plus d'importance qu'à celui de « *araignée du soir*, *espoir*; *araignée du matin*, *chagrin* ».

Mais, maintenant que les « Pégoud » et les « Garros » rendent des points aux aigles et aux hirondelles, on devrait pouvoir tenter de sortir de l'ornière et des mares stagnantes, sans risquer de se voir frapper par la foudre.

Le système universitaire tend à produire la « *cristallisation dans la routine* », car, avec un dogmatisme implacable, il impose à tous ceux qui veulent *arriver* les idées des générations précédentes. Les vieux professeurs tiennent à mourir en paix dans les idées de leur jeunesse; ils ont formé le « *trust des vieilles lunes* » et font masse pour presser sur le frein qui doit ralentir au possible la marche scientifique des idées.

De nos jours, l'*indépendance scientifique* n'appartient plus qu'aux riches que leur situation de fortune met à l'abri de la nécessité de s'incliner devant la toute-puissance des corps savants (?).

Nice, le 27 février 1914.

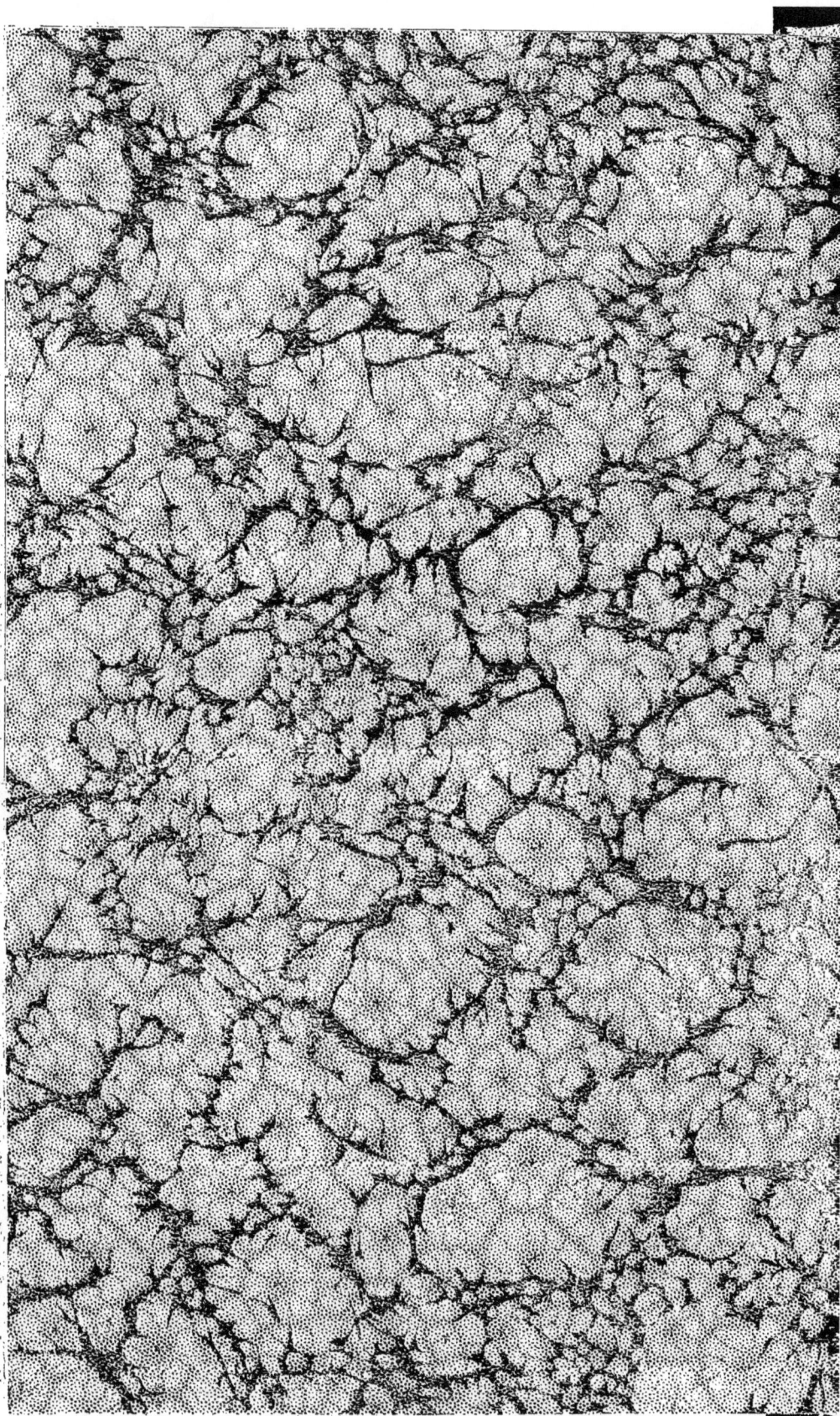

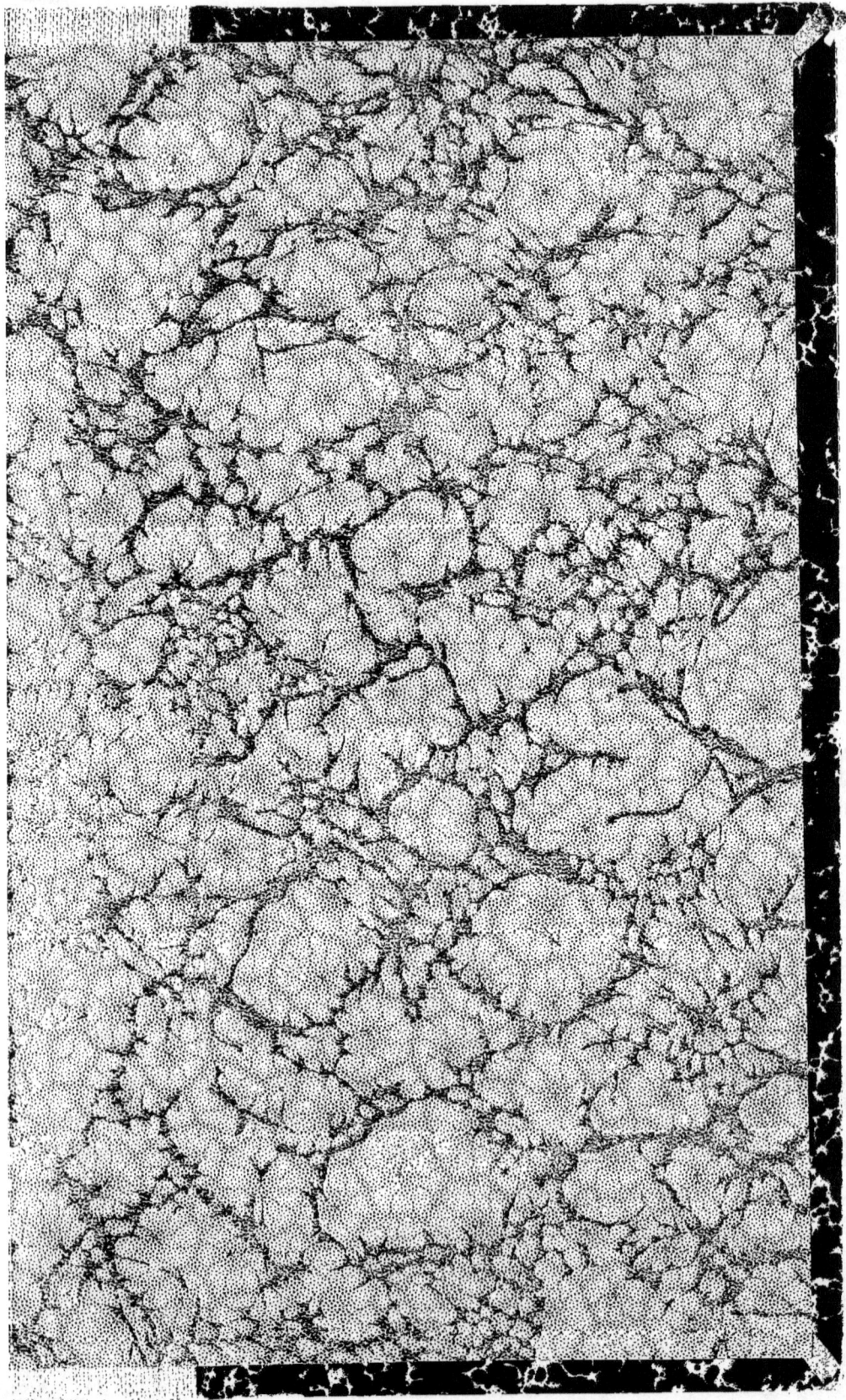

www.ingramcontent.com/pod-product-compliance
Lightning Source LLC
Chambersburg PA
CBHW070416090426
42733CB00009B/1697